LES PETITS SOLDATS DU JOURNALISME

François Ruffin

LES PETITS SOLDATS DU JOURNALISME

Dessins de Faujour

les arènes

Les Petits Soldats du journalisme
se prolonge sur le site www.arenes.fr

Pour adresser un message à l'auteur :
francois.ruffin@fakirpresse.info

33, rue Linné, 75005 Paris
Tél. : 01 43 31 29 25
Fax : 01 43 31 77 97
arenes@easynet.fr

« Mais qu'est-ce que vous croyez ?
On est là pour former des bons petits soldats,
les bons petits soldats du journalisme. »

Le responsable des première année du CFJ.

« Le loup reprit : "Que me faudra-t-il faire ?
– Presque rien, dit le chien : donner la chasse aux gens
Portant bâtons et mendiants ;
Flatter ceux du logis, à son maître complaire.
Moyennant quoi votre salaire
Sera force reliefs de toutes les façons,
Os de poulets, os de pigeons ;
Sans parler de mainte caresse." »

La Fontaine, *Le Loup et le chien.*

A François Brune,

cueilleur de mûres loin du *Bonheur conforme*.

INTRODUCTION :

LA VOIE ROYALE

« Dans un an, vous serez journalistes, vous entrerez dans ce que j'appelle "le complot de famille". C'est-à-dire des règles qui peuvent scandaliser les gens, mais bon, c'est comme ça que la machine fonctionne. »

Un intervenant, chef de service à l'AFP.

« Bienvenue dans la meilleure école de journalisme en France et même en Europe... je ne dirai pas au monde puisque, outre-Atlantique, il reste Columbia. Bienvenue à nos jeunes admis et amis. » Ce matin d'octobre 2000, Roland Cayrol – ponte de Sciences-Po, patron de l'institut de sondage CSA, abonné des plateaux télé – accueillait une nouvelle promotion dans *« le saint des saints de la profession »* : le Centre de formation des journalistes.

Sans surprise, j'écoutais son dithyrambe. Des éloges déjà entrevus ou entendus ailleurs. Dans *Le Monde* : *« La principale école de journalisme. »*[1] Dans le guide *L'Etudiant* pour *« Devenir journaliste »* : *« Le CFJ est au journalisme ce que Sciences-Po est à l'administration : une école*

1. *Le Monde*, 25 novembre 1998.

d'excellence.»[1] Dans la bouche, à la fac, d'un conseiller d'orientation : *«Il faut passer par le* CFJ. *C'est à Paris. Ou alors, juste un peu moins réputé, par l'*ESJ *de Lille.»* Reçu aux deux, j'avais opté pour la capitale. Moins à cause du prestige que des horaires de train. Une liaison par heure avec Amiens, pour un trajet de quatre-vingts minutes. Plus le RER, entre Gare du Nord et Les Halles. Ni trop long ni trop épuisant pour regagner, chaque soir, ma ville de province.

C'est là que j'avais, un an plus tôt, lancé un bimestriel alternatif. Avec des reportages sur les *«*OS *des centres d'appels»*, les *«damnés des restos»*, le *«clodo de Chez Froc»*, la *«chasse aux Amiénois migrateurs»*, les *«entreprises mécènes»* de l'hebdo municipal. Un canard qui me valait l'animosité d'un maire, Gilles de Robien, m'invitant à *«aller exercer [mon] métier ailleurs»*. La haine, et les procès, d'un premier adjoint dénonçant *«un torchon petit bourgeois»*. Les colères de son avocat – également président du club de foot local – me qualifiant de *«terroriste»*, *«taliban»*, *«parasite social»* et concluant qu'un *«journal critique, ce n'est pas bien»*.

Me destinant par défaut à l'enseignement, encouragé par de telles réactions, je m'étais pris au jeu. Après tout, pourquoi pas journaliste ? Une tentation de longue date que m'interdisaient, jusque-là, une timidité excessive, ma médiocrité scolaire et surtout mon dégoût – crises d'urticaire psychosomatiques à l'appui – pour le ronronnement qui berce nos

1. *Pour devenir journaliste*, Alexandrine Cévard-Racinais et Edith Rieubon, *L'Etudiant*, 1998, p. 133.

ondes. Un stage à *Libération*, sans déception brutale, finit de me convaincre. Mes éphémères collègues me jugèrent plutôt au point – « angle », « style », « rapidité », etc. –, me conseillant, néanmoins, d'entrer au CFJ. Pour *« le coup de tampon »*. Pour trouver plus aisément du boulot, chez eux ou ailleurs.

D'où mon arrivée rue du Louvre, ce lundi d'automne.

« Pierre Lescure... Laurent Joffrin... Bernard Pivot... Philippe Gildas... Patrick Poivre d'Arvor... Franz Olivier Giesbert... Gilles Le Gendre... David Pujadas... Gérard Carreyrou... Christian Sauvage... Jean-Michel Helvig... Paul Amar... Gérard Holtz, etc. » [1] C'est la première chose qu'on remarque, dans le hall : la liste des anciens. Un long panneau, qui trône à chaque étage comme un trophée. Mon nom s'ajoutera bientôt, dans vingt-quatre mois, à cet inventaire. Parmi toutes ces icônes de la réussite, dont l'école se sert comme emblèmes de son propre succès. Noyé parmi d'autres patronymes, moins célèbres.

Deux mille journalistes, en tout, sont issus du Centre entre 1947 et 2002. Deux petits milliers, à peine. Une goutte d'eau dans l'océan des 32 758 titulaires d'une carte de presse.

---

1. Respectivement PDG de Canal+. Directeur du *Nouvel Observateur*. Animateur et producteur d'*Apostrophes*, puis de *Bouillon de culture* sur France 2. Ancien animateur de *Nulle part ailleurs* sur Canal+. Présentateur du 20 heures sur TF 1. Directeur du *Point*. Alors PDG du groupe *L'Expansion*. Présentateur du 20 heures sur France 2. Ex-directeur de l'information sur TF 1, désormais à la direction générale. Rédacteur en chef du *Journal du dimanche*. Rédacteur en chef de *Libération*. Ex-présentateur du 20 heures sur France 2. Ex-présentateur du 20 heures sur France 2, en charge du sport.

Mais cette frange-là compte dans les supports qui comptent : plus de cent à l'AFP, une soixantaine au *Monde*, quarante à *Libération*, une trentaine à TF 1, cinquante à France 2, une vingtaine au *Figaro*, à *L'Express*, à Europe 1, etc.[1] Et dans leurs entreprises, ces diplômés stagnent rarement à la base. *L'Annuaire des anciens* n'est qu'un catalogue de ces directeurs de la rédaction et autres chefs de service qui ont pris *« l'ascenseur social »* du CFJ et *« occupent des positions prestigieuses dans la hiérarchie interne »*[2].

Rançon du succès : dénoncer ces *« rédactions où tout le monde sort du moule du CFJ »*[3] est devenu un poncif. Les francs-tireurs ne manquent pas, tel *Technikart*, pour fusiller ces *« jeunes journalistes, dociles et carriéristes, tout droit sortis de cette usine à décérébrage qu'on nomme le CFJ »*[4]. Une caricature qu'on retrouve jusque dans un téléfilm, *Théo la tendresse*, où un localier à *La Dépêche républicaine* voit débarquer une *« jeune arrogante »*, *« stagiaire cuir gominée fraîche émoulue du CFJ »*[5]. Quant à l'hebdomadaire

1. Relevé effectué à partir de *L'Annuaire des anciens élèves 2002-2003*. Les données exactes : *La Croix* 13, *Les Echos* 19, *L'Equipe* 19, *Le Figaro* 26, *Libération* 40, *Le Monde* 65, *Le Parisien* 21, *La Tribune* 11, *Le Canard enchaîné* 6, *L'Expansion* 11, *L'Express* 15, *Le Journal du dimanche* 11, *Le Nouvel Observateur* 14, l'Agence France Presse 134, Reuters 20, Europe 1 12, France Culture 6, France Info 5, France Inter 13, RFI 33, France 2 45, France 3 50, LCI 14, M6 11, TF 1 33.

2. Dominique Marchetti, *Contribution à une sociologie des évolutions du champ journalistique dans les années 1980 et 1990*, thèse, EHESS, 1998, p 238.

3. Basile Karkinski, ex de *Libération*, cité dans Christophe Nick, *Les Trotskistes*, Fayard, 2002.

4. *Technikart*, n° 47, novembre 2000.

5. *Libération*, page télévision, 5 janvier 1996

Marianne, il redoute *« l'homogénéité du milieu journalistique : le modèle Sciences-Po-Centre de formation des journalistes tend à s'imposer dans le recrutement des journalistes, qui en adoptent la vulgate idéologique »* [1].

C'est bien un sésame que délivre le CFJ. *« Un accélérateur de carrière. »* [2] *« Une étape quasi indispensable. »* [3] *« Un passage presque obligé pour entrer dans les principaux services des grands médias. »* [4]

Peut-être mes camarades rêvaient-ils de ça, d'une carrière dans les grands médias. Moi pas. Plutôt d'expériences insolites – de presse, de batailleur des mots ou de reporter au coin de la rue. Décryptant des comptes, dénichant des rapports, épluchant des cadastres – le Centre, espérais-je, me convertirait en empêcheur de gouverner en rond.

Des espoirs vite ensevelis. A la place, cette école d'excellence me proposait un idéal de gratte-papier obéissant, à l'écriture mécanique, vissé à son écran Macintosh, ne percevant le bruit et l'épaisseur du monde qu'à travers les échos d'un « fil » AFP. Rétif, je tentais d'infléchir par le dialogue le contenu pédagogique. A chaque réunion, ou discutant avec les enseignants, ou me rendant dans le bureau du directeur, je réclamais *« davantage de concertation »*. On écoutait gentiment mon refrain. En vain.

Au fil de la première année, la frustration gagnait les

---

1. *Marianne*, 23 avril 2001.
2. Erik Neveu, *Sociologie du journalisme*, La Découverte, 2001, p 23.
3. Dominique Marchetti, *op. cit.*, p 195.
4. Dominique Marchetti, *op. cit.*, p 172.

rangs. Une déconvenue collective qui, peut-être, créerait un rapport de force pour modifier l'enseignement. Des pétitions circulèrent, des complots s'ourdirent, une mini-assemblée générale se tint. Mais sans résultat : pour beaucoup, la crainte d'une sanction l'emportait, doublée de désaccords sur la tactique à adopter et les objectifs à atteindre. Que souhaitions-nous ? Un foyer plus spacieux ou deux semaines de congés à Noël ?

Je songeais à quitter le CFJ, et c'est alors qu'a mûri l'idée d'un livre. Plutôt que de m'épuiser de déprime en indignation, je regarderais cette école de loin, comme un objet de recherche. Voilà qui maintiendrait mon sens critique éveillé, quand les discours ronflants et le confort de l'ennui risquaient de l'endormir.

Cette résistance par le récit, d'autres y avaient songé avant moi. Ainsi Charles, qui m'avait précédé d'un an : *« Quand je rentrais chez moi, dans le train, je grattais des feuilles et des feuilles tellement le CFJ m'énervait. Je comptais en faire un pamphlet. »* De même pour Laure : *« A un moment, je voulais tenir une chronique dans un journal pour décrire cette nullité. J'aurais mis un bon coup de canif dans leur réputation dorée. »*

Ni pamphlet ni coup de canif, ici. Juste une enquête, l'ébauche d'une analyse : pendant deux années, j'ai écouté, pris des notes, recueilli des documents, multiplié les entretiens… Ne se mêle à cet ouvrage aucun désir de revanche : ma scolarité s'est « monotonément » déroulée, autant dire bien, sans accroc ni humiliation, et j'ai obtenu mon diplôme en juin 2002. Ce n'est d'ailleurs pas une institution que je dénonce. Encore moins des personnes, sympathiques en privé[1]. Seulement une conception de mon métier que je combats, celle d'un journalisme convenu et convenable, sans risque et sans révolte, inventé une fois pour toutes et dont il ne resterait plus qu'à respecter les canons.

A force d'imiter les rédactions *in vitro*, le Centre finit par en offrir une caricature – hautement révélatrice. Comme dans un miroir grossissant, se découvre au CFJ un reflet des médias, de leurs certitudes, de cette vulgate qui maquille le conformisme en professionnalisme. Comme par le trou d'une serrure, la profession s'exhibe sans fard, sous une lumière crue, dénudée de ses mythes : *« Dans un an, vous serez journalistes,* ironise un intervenant, *vous entrerez dans ce que j'appelle "le complot de famille". C'est-à-dire des règles qui peuvent scandaliser les gens, mais bon, c'est comme ça que la machine fonctionne. »*

1. J'aurais désiré, au terme de ce travail, confronter mon point de vue à celui des dirigeants du Centre. Bien que journalistes, eux ont opposé de polis refus à mes courriers et fax. Tout en m'invitant, cordialement, à venir prendre un verre, entre confrères.
Des noms n'apparaîtront que rarement au cours de l'ouvrage. Je me contenterai le plus souvent des titres : directeur, enseignant, responsable (sous-entendu «des première année»), etc. Quant aux prénoms de mes camarades, sauf exception, ils ont été modifiés à leur demande, afin qu'ils *« ne se grillent pas avec le réseau CFJ ».*
Insistons : j'espère que ce livre contribuera, dans une modeste mesure, à une réflexion critique sur les médias et les écoles de journalisme. En aucun cas il ne s'agit d'accuser, au sein du Centre, un ou plusieurs individus, qui seraient poussés vers la démission et blanchiraient ainsi le système à peu de frais.

Ces règles – produire vite et mal, vendre du papier comme on vent des poireaux, etc. – sont rarement énoncées ailleurs, tant elles sont déjà intériorisées et tacitement respectées. Mais ici, les non-dits se disent. Ces lois silencieuses sont affichées, voire rabâchées, jusqu'à façonner des professionnels aux réflexes fiables. Pour l'observateur ou le lecteur, un voile se déchire, et la fabrique de l'info apparaît dans sa brute réalité.

Ces pages ne révèlent donc aucun scandale. Elles ne s'attaquent même pas à une école de journalisme, mais bien au journalisme. Dans sa banalité. Tel qu'il s'exerce ordinairement.

RACONTEZ-MOI VOTRE VIE DE MERDE EN 3500 SIGNES...
HAUT
MANGER

Fiche d'identité

Nom : Centre de formation des journalistes.
Né en 1946.
Créé par Philippe Viannay et Jacques Richet.
Domicile : 35, rue du Louvre, 75002 Paris.
Durée : deux années d'études.
Promotion : cinquante-quatre élèves (sur six cent cinquante candidats au concours).
Recrutement : en théorie à bac + 2, en réalité à bac + 3, + 4 ou + 5.
Maison mère : le Groupe CFPJ (Centre de formation et de perfectionnement des journalistes).
Président : Pierre Lescure (ex-PDG de Canal+).
Directrice : Danièle Granet.
Filiales : le CFJ, le CPJ (Centre de perfectionnement des journalistes), le CIM (Centre d'information sur les médias).
Chiffre d'affaires (2001) : six millions d'euros.

Le conseil d'administration compte (à mon entrée, en octobre 2000) :
neuf «fondateurs» : Pierre Lescure, Claire Richet (épouse du fondateur Jacques Richet), Louis Guéry (ex-enseignant du Centre), Jérôme Seydoux (PDG de Pathé-Chargeurs, actionnaire de *Libération*), Jean-Michel Bloch-Lainé (ex-président de la banque Worms), Roland Cayrol (directeur général de l'institut CSA), Pierre Feydel (directeur de *L'Usine nouvelle*), Bernard Pivot (ex-producteur de *Bouillon de culture*), Vincent Lalu (président de *La Vie du rail*) ;
six donateurs : *Le Monde*, Havas, TF1, agence Capa, France 3, *Le Midi libre* ;
trois membres de l'Association des anciens : Olivia Buffi (pigiste à *Géo*), Gilles Dansart (rédacteur en chef de *La Vie du rail*), Olivier Sourice (chef du service dossier à *Télé-Loisirs*).

I. LA PRATIQUE :

PRODUIRE

Comment définir le bon journaliste ?
C'est un technicien routinier
qui bouche des colonnes avec ses articles,
*recopie les dépêches de l'*AFP*,*
enchaîne les micro-trottoirs,
critique les livres sans les lire,
conseille les films sans les voir,
remplit de vide, mais vite et sur commande.

Remise en forme

« Votre reportage était très bien. On n'apprend rien, on aura tout oublié dans dix minutes, mais c'est bon pour Pernaut. On l'achète pour le 13 heures. »

Rédacteur en chef adjoint de LCI, lors d'une session télé.

TBR, Techniques de base rédactionnelles. C'est le nom de code pour les cours de presse écrite. Un sigle qui définit clairement le journaliste : un technicien de l'écriture. Ou, plus souvent encore, de la réécriture. Car le contenu est en général fourni par l'Agence France Presse.

Un écran AFP* est disposé dans chaque salle, et il nous reste à imprimer les dépêches indiquées par l'enseignant, à en recopier les citations les plus pertinentes, à réduire la longueur des phrases, à modifier l'ordre des paragraphes, à parfois simplifier le lexique. Ainsi multiplie-t-on les brèves (250-300 signes typographiques), les filets (400-500 signes), les papiers (2000-2500 signes) sur l'actualité du jour : l'arrestation de Slobodan Milosevic, un cessez-le-feu en Palestine, une hausse du gas-oil…

* Les mots suivis d'un astérisque sont définis dans un glossaire fragmentaire enrichi d'anecdotes situé en fin d'ouvrage.

L'AFP règne également sur les cours de radio (à partir des dépêches les plus récentes, on prépare un flash, long d'une dizaine de brèves), de télé (à partir de dépêches, on s'entraîne au commentaire sur images), d'anglais (à partir d'une dépêche de l'Associated Press, on traduit, on modifie l'ordre des paragraphes, pour obtenir une dépêche AFP) et même d'agence (à partir des dépêches tombées depuis une semaine, on concocte des synthèses). Si bien que la lassitude s'installe : *« Au bout d'une dizaine de brèves, tu as compris. Phrases courtes, vocabulaire simple, ce n'est pas la peine de se farcir des papiers sans intérêt des mois durant. »* (Elise.)

Pour échapper à cette horreur bureaucratique, Guillaume, spé-télé[1] en deuxième année, dévoile un subterfuge : *« L'avantage du JRI [journaliste reporter d'images]*, c'est que tu sors, tu rencontres des gens, tu n'es pas tout le temps pendu à un fil AFP. »* Une intervention publique devant des enseignants, des élèves. Et personne ne proteste. Comme si, après six mois d'école, il était désormais acquis qu'un journaliste sans caméra demeure *« tout le temps pendu à un fil AFP »*. Son conseil, plusieurs élèves le suivront, moins attirés par l'image que rebutés par le reste : *« Au départ, je me voyais plutôt en presse écrite. Mais tailler des dépêches pendant un an, ça m'a suffi. »* (Christine.)

Le Centre reflète, simplement, une évolution du métier. Car désormais, *« dans tous les médias, le rôle des agences de*

1. Au cours de la deuxième année, chaque élève choisit une spécialisation : radio, agence, Internet, presse écrite, journaliste reporter d'images ou rédacteur pour la télévision.

presse mondiales est déterminant» [1]. Pour cause d'économie de temps, d'économie de moyens, le reporter est mort, place au scribe fidèle à ses dépêches.

Le style qu'on nous prescrit épouse, lui aussi, une courbe techniciste. Avec des règles comptables, quasi scientifiques : *«Au-delà de douze mots, des études l'ont démontré, le lecteur s'arrête. Alors on se limite à une dizaine par phrase en moyenne, quatorze, quinze à la limite mais jamais au-delà de dix-sept.» «Ne mettez pas d'intertitre avant la dixième ligne.» «Autant que possible, évitez les subordonnées.» « Un "chapô", c'est 10 % environ de la taille d'un papier.»*

Côté lexique, ni familier ni soutenu, jamais savoureux, jamais savant. Juste impersonnel, avec un respect de la syntaxe qui tient lieu d'écriture. *«Je comprends qu'il y ait un effort pour passer sous certaines fourches caudines,* concède Samuel, *mais c'est très contraint. J'avais fait le portrait d'un* SDF *et j'avais écrit : "un mec dans la galère". On me l'a entouré de rouge : "On ne peut pas." Et c'est toujours pareil. Ils anticipent largement sur toutes les batailles avec ton rédac' chef.»* [2]

1. Jacques Le Bohec, *Les Mythes professionnels des journalistes*, L'Harmattan, 2000, p. 165.

2. En contrepoint, se déroulent, durant les trois premiers mois et à raison de quatre-vingt-dix minutes par semaine, des «ateliers d'écriture». Injures fleuries, obsessions sexuelles, phrases proustiennes… avec les encouragements de l'intervenant, ce cours se transforme en un défouloir verbal. Et c'est un peu le but recherché, à en croire le directeur : *«Je suis bien conscient que vous avez besoin d'un moment de liberté pour vous épancher. C'est pour cette raison que j'ai mis en place cette session.»* L'originalité est donc autorisée, la «liberté» aussi, mais en dehors des heures de journalisme…

«*Le style est l'homme même*», écrivait Buffon. Notre style, c'est personne. Rien qui dépasse, rien qui choque. Une absence qui s'accorde avec notre fonction (présupposée) : celle d'un modeste médiateur qui reçoit un message, le reformule plus clairement et le transmet à son public.

Gage d'objectivité, d'une course nautique ou d'un massacre en Algérie, nous faisons une brève, indifféremment, sur le même ton placide. Tout se vaut. Comme si ce non-choix n'était pas déjà un choix, qui euphémise une réalité et promeut un événement factice (mais vendeur).

«*Faites vos gammes avant de prétendre à être violon solo.*» Seul le bon sens guiderait nos pédagogues, qui ne poursuivraient qu'un seul but : «*Vous faire écrire "clair, correct, complet, concis"*, énonce notre responsable. *On veut vous forger un style passe-partout, un peu le même pour tous, c'est vrai, mais qui convienne aussi bien au* Monde *qu'à* La Croix *ou à la presse régionale. Que vous sachiez écrire sur n'importe quel sujet, même si vous n'y connaissez rien.*» Pour le directeur, il s'agit simplement «*de casser le moule de l'université et des instituts d'études politiques. On ne rédige pas des articles comme une dissertation, on n'écrit pas pour le grand public comme pour ses professeurs, et c'est ça qu'on veut vous faire intégrer*».

Que l'école affine notre écriture, c'est souhaitable. Mais à force de répéter nos gammes, on finit par confondre le moyen et la fin : le journaliste n'est plus chargé de trier, de rechercher, de construire une information. Seulement de la mettre en forme.

Peu importe le fond, d'ailleurs. Lorsqu'un enseignant nous envoie sur le terrain, il ouvre *Le Parisien* du matin et improvise : une kermesse d'école, un débat parlementaire sur la fiscalité, un tournoi de ping-pong, un marché aux livres… on fait reportage de tout bois. Ou encore, le prof annonce simplement : *« Aujourd'hui, vous partez dans le XIII*[e] *et vous me ramenez quelque chose ce soir, n'importe quoi, ce qui a attiré votre attention. » « Quelque chose », « n'importe quoi »*, car le sujet n'est là que comme un prétexte. Juste pour améliorer sa technique, multiplier les titres, les inters, les chapôs…

Alors que je regrettais de rendre *« mon x-ième papier très superficiel, pas du tout fouillé, sans aucun fond »*, le responsable des première année me rassura : *« Je dirais presque : "On s'en fout du fond." Il faut que vous soyez capable de fournir un article d'un feuillet ou deux, avec une bonne attaque, une bonne chute, même sur rien. Même si vous estimez qu'il n'y a rien à dire. C'est un peu le but de l'exercice. »*

Le scénario se répète en radio et en télé : un micro-trottoir sur *Loft Story*, des commerçants qui se préparent à l'euro, l'été qui approche et le soleil qui revient, une visite dans les coulisses de Roland-Garros, bref, « n'importe quoi ». La démarche paraît, néanmoins, plus légitime pour ces médias : il nous faut acquérir une technique minimale, couper une bande-son, sélectionner ses images, éviter de bafouiller en studio, ne pas s'essouffler au bout d'une minute.

Au-delà de ce savoir-faire audiovisuel, d'ailleurs très

limité (jamais nous n'apprendrons à filmer nous-mêmes ou à monter un reportage), compte surtout la « mise au format ». Avec l'incorporation de normes strictes : *« Pour un lancement, dès que vous dépassez les vingt secondes, vous êtes dans le rouge. » « Un flash, c'est six, sept brèves : tac, tac, tac. Jamais une qui dépasse les quarante secondes. » « Deux minutes quinze pour un reportage, c'est énorme en télé, c'est énorme... Y a un problème de temps. » « Un sonore de plus de quinze secondes, posez-vous la question ! »*

La question du sens, elle, ne se pose pas. Lorsqu'elle surgit, c'est le fait d'un élève et l'enseignant l'enterre aussitôt : *« Mais en une minute, on n'a le temps de rien dire ! – Eh oui,* s'amuse l'intervenant. *Bienvenue dans le monde de la télé ! »* Les erreurs manifestes ne sont pas relevées : *« A Sangatte,* déclare un étudiant, *il est très simple pour un clandestin de passer en Angleterre. »* Alors que les réfugiés tentent leur chance à dix, quinze, vingt reprises, le prof n'aura qu'un regret : *« Ton commentaire n'est pas assez synchro avec les images. »* Quant au micro-cimetière sur la Toussaint et les chrysanthèmes, le pédagogue applaudira : *« Votre reportage était très bien. On n'apprend rien, on aura tout oublié dans dix minutes mais c'est bon pour Pernaut. On l'achète pour le 13 heures. »* Même refrain avec les citrouilles d'Halloween, qu'Hélène trouve trop *« creuses » : « C'est un sujet où il y a tellement rien à dire. – Mais c'est pas grave, tu fais un truc sympa, tu interroges des gamins. Faut pas être obsédé par le contenu. »*[1]

1. Ce détachement quasi esthétique, Sciences-Po* y prépare. Voir dans notre glossaire.

RÉDACTIONNEL
LEÇON N°1 :
UN CHAPÔ
C'EST MAXIMUM
3 SIGNES...
ÂNE

Ce divorce affiché entre le fond et la forme me semblait aberrant : si un homme prend la parole en public, c'est pour dire. Ou alors il se tait. A quoi bon un témoin du monde qui ne révèle, ne découvre, n'analyse rien ? Qu'on énonce clairement, parfait. Encore faudrait-il apprendre à bien concevoir, à choisir un thème, creuser des dossiers, confronter les points de vue, offrir un éclairage sur notre société.

Mais raisonner ainsi, c'était conférer un rôle politique, ou social, ou pédagogique, au journaliste. Quand l'option « technique » de l'école répond à une autre logique : économique. A la quête de vérité se substitue celle de l'efficacité : *« Exécuter vite et bien les mêmes opérations, diminuer autant que possible par la célérité la perte de temps qu'entraîne le passage d'une opération à l'autre. »* [1] Nous voilà transformés, lentement, en de performants producteurs d'infos : à nous de fournir un article ou un sujet à la taille souhaitée (*« un feuillet ou deux », « entre une minute quinze et une minute quarante-cinq »*) qui convienne aussi bien au *Monde* qu'à *La Croix* ou au 13 heures de Pernaut.

Surtout, on nous habitue à produire du vide. *« Les trois quarts de nos papiers sont complètement creux... et on nous dit que c'est parfait, que c'est très bien ! »* (Laure.) Déjà rôdés à la vacuité, nous mettrons d'autant plus aisément notre savoir-faire au service des entreprises. C'est sans grande

1. Samuel Bernard, rapport du 30 octobre 1816 à la société de l'enseignement mutuel, cité *in Surveiller et punir*, Michel Foucault, Gallimard, 1975.

résistance que nous répondrons à la demande, telle que la décrit ce présentateur de JT : *« L'Audimat est devenu le thermomètre imposé et obligé de l'humeur rédactionnelle. Par lui, nous savons qu'à 20 h 13, Nelson Mandela ne fait pas recette et que le fait divers [...] attire le chaland, quel que soit le moment du journal. Nous déclinons donc plus facilement, anniversaire et exclusivité obligent, un sujet sur le Loto [...] que nous n'offrons un éclairage sur la nouvelle constitution sud-africaine. »* [1]

A travers ces exercices, ces journées scotchées à l'AFP, ces semaines à copier, couper, compiler des dépêches, le Centre nous accoutume à l'inertie. Nous ne recherchons plus des informations, nous les recevons passivement. Nous attendons qu'elles tombent d'un fil ou du ciel, prédigérées et prérédigées, et il nous reste à les mettre en forme, en mots, en sons, en images. OS au style neutre et précis.

Je rêvais, à l'inverse, d'une école où l'enquête serait reine. Là, le journaliste s'informe avant d'informer, définit son sujet seul, ou avec sa rédaction, maîtrise son temps, prend une semaine ou deux, ou trois, ou plus, ne se contente pas des infos que lui livre l'AFP ou un ministère, ou d'autres sources officielles. Actif. Teigneux. Recoupant des statistiques. Consultant des archives. Interrogeant spécialistes, témoins, acteurs sociaux. Exercice qui réclame *« curiosité*

---

1. Philippe Lefait, ancien présentateur du 20 heures de France 2. *Pour une éthique de l'info, in Libération*, 11 juin 1996.

d'autrui, pugnacité, invention, et l'indispensable petite dose de vice»[1].

Mais le CFJ n'enseigne cette forme qu'avec précaution. Deux enquêtes en deux ans. La première de cinq jours, la seconde de douze. Une goutte d'eau, sur trois cent vingt-deux journées de cours. *«Tu comprends,* s'excusera presque notre responsable, *des enquêtes, c'est très rare dans la profession.»* Le Centre devance l'économisme des entreprises de presse. Pour mieux nous adapter à leurs exigences : produire vite, produire beaucoup et donc reproduire. *«Dès lors que* time is money, *l'investigation et le recoupement des sources, qui prennent du temps, reculent.»*[2]

Ainsi admet-on, avant même d'exercer, que recopier, c'est la norme. Et enquêter, le hors-norme. Un privilège coûteux et rarement accordé.

---

1. Gilles Perrault, préface à *Tête de Turc*, de Günter Wallraff, La Découverte, 1986.
2. Daniel Bougnoux, *La Communication contre l'information*, Hachette, 1997, p. 111.

JE N'AI RIEN À DIRE...
ÇA TOMBE BIEN JE NE PEUX PAS EN PARLER...
-FAUJOUR-

Un glissement

Copier, couper, reformuler, résumer, synthétiser, simplifier... Le mode de production promu par le Centre favorise un glissement de l'information vers la communication : un bon journaliste, c'est avant tout un compilateur de dépêches, régulier et rapide. C'est un rédacteur qui met en forme, en mots, en sons, en images, des documents établis par d'autres.

Tant que l'AFP sert de source, l'honneur journalistique semble à peu près intact. Mais les étudiants s'habituent à cette paresse : les nouvelles nous parviennent et il suffit de les recueillir. Comme si rechercher des informations, aller vers elles, insister pour les obtenir, surtout si on nous les refuse, ne relevait plus de notre rôle.

Conséquence probable, à terme, de cette inertie : la lassitude aidant, les institutions et leurs communicants se substituent à l'AFP. Nombre de sociologues relèvent d'ailleurs *« la généralisation, au sein des rédactions, de pratiques [...] qui consistent à aller puiser la substance d'un article dans le flot incessant des dépêches de l'AFP ou bien dans les dossiers fournis aux journalistes par les attachés de presse et chargés de communication des entreprises et institutions diverses, toujours disposés – et pour cause – à éviter au journaliste pressé de perdre un temps précieux en de "fastidieuses" recherches d'in-*

formations, c'est-à-dire en définitive à lui éviter de faire son métier.»[1]

Combien de communiqués sont, chaque jour, dans nos journaux, déguisés en articles? Combien de reportages sont en fait téléguidés par les services de communication? Dans un quotidien, le rubricard «éducation» téléphone en début de semaine à «son» ministère : *«Vous n'auriez pas un sujet à me proposer? On est un peu à court d'actu et j'ai pris une demi-page pour après-demain.»* Une scène classique qui se répète ailleurs, un peu partout, pour la «santé», l'«économie», le «logement»...

C'est cette confusion entre information et communication qui, d'après un médialogue, *«menace aujourd'hui d'engloutissement la profession de journaliste»*[2]. *CFJ-Notre journal* range également *«la montée en puissance de la communication»* parmi *«les mutations qui bouleversent et bouleverseront la profession»*[3]. Dégoûtés, des reporters en quittent leur rédaction : *«Dire que les communicants sont en train de gagner la partie, que les journalistes, ceux à qui on ne la fait pas, qui doutent et qui réfléchissent, vivent leurs derniers moments. Ils coûtent trop cher et ne rapportent rien à la Générale, à Havas ou à Matra-Communication. Sinon des emmerdements.»*[4]

1. Alain Accardo, *Journalistes précaires*, Le Mascaret, 1998, p. 24.
2. Daniel Bougnoux, *op. cit.*, p. 6.
3. *CFJ-Notre journal*, n° 40, juillet 1996.
4. Denis Robert, *Pendant les "affaires", les affaires continuent...*, Stock, 1996.

Face à cette *« montée des flux d'information produits par les sources »*[1], l'école ne nous apprend pas à résister aux facilités de la communication. A l'inverse, c'est sur cette pente que la directrice du Groupe CFPJ[2] nous invite à glisser. Sur le site Internet de l'école, voici comment elle définit la mission du journaliste : *« Etre le médiateur entre le public et les sources d'information de tout ordre : politiques, économiques, sociales, culturelles... »* Au final : une information certes pluraliste mais verticale, qui va du sommet (les décideurs) à la base (les lecteurs), avec le journaliste comme *« médiateur »*.

Cette définition (officielle) du journalisme n'est pas étrangère au parcours personnel de Danièle Granet : proche des milieux financiers (publicité, banque, industrie), elle dirigea, de 1989 à 1993, la communication à la Caisse nationale du Crédit agricole. Que le journaliste relaie ses sources lui semble donc naturel. Et souhaitable. L'état de fait (que beaucoup déplorent) se transforme, avec elle, en devoir professionnel.

Cette conception de notre métier se couvre d'une illusion égalitaire : *« Peut-être qu'on forme des relais de*

1. Erik Neveu, *op. cit.*, p. 47.
2. Le CFJ est intégré au Groupe CFPJ (Centre de formation et de perfectionnement des journalistes), qui comprend plusieurs branches : contrats d'apprentissage, stages pour les professionnels, mais aussi le CIM. Ce Centre d'information sur les médias prépare les dirigeants économiques ou politiques à la communication télévisuelle, aux relations avec la presse, etc.

la communication, concédera un enseignant. *Mais c'est justement ça, notre place. On laisse la parole aux uns et aux autres et comme ça, on contribue au débat.»*

Reste que, pour accéder aux médias, le PDG d'une multinationale et un chômeur longue durée ne disposent pas des mêmes moyens. Loin de là, comme en témoigne Jean-François Lacan, ex-chef de service au *Monde*. Lors d'un déjeuner, une amie qui «*dirige la communication d'un grand groupe industriel*» lui dévoile les ficelles de son métier : «*Une confidence à un journaliste de* La Tribune, *suivie d'un entretien au* Monde *et d'un article de fond dans* Les Echos. *Sans oublier un déjeuner avec le journaliste du* Figaro *pour l'empêcher de faire la gueule. Si tout se passe bien, le patron de Sylvie aura sa photo en hausse dans le baromètre du* Point *et peut-être même trois minutes dans un journal télévisé de la mi-journée. [...] Sylvie parle même de "ses" papiers comme si elle les dictait directement aux journalistes. Elle a organisé tellement de visites d'usines depuis trois ans que plus aucun confrère ne s'intéresse aux sites pollués qui avaient provoqué une levée de boucliers des écologistes. [...] Sylvie dispose d'une force de frappe considérable. Ses huit collaborateurs éditent une revue de presse internationale quotidienne, un journal hebdomadaire pour toutes les usines françaises et un mensuel en anglais pour les filiales internationales. L'information qu'elle gère lui permet d'alimenter en permanence "ses" journalistes : un portrait de la première femme directrice d'usine pour*

Elle, *une saga de l'exportation pour* Challenges, *un tuyau sur Hong-Kong pour* L'Expansion. *[...] Les journalistes ne sont que des intermédiaires et les médias, des supports dans une campagne de promotion permanente.* »[1]

Ce péril pour le journalisme, et au-delà pour la démocratie, le CFJ ne nous prépare pas à l'affronter. Ou à le contourner. Ou à nous révolter contre la com', contre son emprise, contre nos frères ennemis. Au contraire : d'abord, parce que le Centre forge une posture paresseuse. Ensuite, parce qu'il réclame avant tout de l'efficacité, un travail dans l'urgence, sans trop se soucier du fond : des dossiers de presse à paraphraser feront, bientôt, notre affaire. Enfin, parce qu'on nous berce dans l'illusion d'événements surgis spontanément. Or, constate (ravi) le Monsieur Relations publiques de la Société générale, « *la communication événementielle constitue, aujourd'hui, un des vecteurs de la communication institutionnelle* »[2].

Pour compléter cette formation, nous serons envoyés une semaine dans les services communication des grands groupes. Nous y rédigerons des communiqués pour Axa, Paribas, le CCF, Lafarge, L'Oréal, Vivendi... Promiscuité amicale ? Confusion des genres ? Peut-être. L'initiative partait, pour le directeur, d'un

1. Jean-François Lacan, *Journal d'un chien, in Les Journalistes, stars, scribes et scribouillards*, Syros, 1994, p. 55.
2. Arnauld du Moulin de Labarthète, *La Communication événementielle*, Démos, 2001.

« simple constat » : *« Vous serez au contact de ces gens-là tous les jours. Ce sont eux qui vont vous abreuver, qui seront une source d'infos permanente. On ne peut plus s'en passer. Donc mieux vaut connaître leurs méthodes, quitte à s'en méfier. »* Pourquoi pas. Mais ce raisonnement postulait, déjà, que nous serions *« à leur contact tous les jours »*. Qu'ils nous abreuveraient. Qu'on ne peut plus s'en passer. Plutôt que de rompre avec cette source, on s'en méfierait.

Le Centre devait, espéraient ses fondateurs à la Libération, *« s'attacher à transmettre le goût de la vérité, à donner aux élèves l'habitude d'esprit permettant de la découvrir, à développer leur courage pour la suivre »* [1]. De bonnes intentions passées de mode. A la *« patience que suppose l'investigation »*, au *« travail d'établissement de la preuve »*, à *« la scrupuleuse cartographie du vrai »* [2], au *« courage »* de poursuivre une vérité qui se mérite, s'arrache, se bâtit lentement, l'école préfère le confort des nouvelles livrées clés en main.

Simple adaptation à l'économisme des entreprises de presse.

1. CFJ-*Notre journal*, n° 46, mars 1999.
2. Daniel Bougnoux, *op. cit.*, p. 12.

Vite et mal

« J'allais dire : "Tant pis si c'est de la merde." C'est peut-être un peu excessif, mais l'idée est là.

Responsable de la première année.

Notre responsable s'en vante, en guise de présentation : *« Du temps de ma splendeur, aux* Dernières Nouvelles d'Alsace, *je pouvais produire une trentaine de feuillets en une journée. »* Trente feuillets par jour ouvrable, 45 000 signes, un bon petit bouquin par semaine… *« Côté prose, ce n'était pas formidable formidable, mais ça tenait debout. »* La quantité est au rendez-vous, c'est l'essentiel. *« J'allais dire : "Tant pis si c'est de la merde." C'est peut-être un peu excessif, mais l'idée est là. Mieux vaut ne pas se le cacher, on vous réclame aussi du volume. »* Voilà le mentor que le CFJ nous propose.

Inutile de jeter la pierre aux permanents du Centre. La direction les a engagés, simplement, parce qu'ils semblaient conformes au programme de l'école, adaptés et adaptables. Des ex-professionnels, pour qui le métier n'est, après tout, qu'une façon comme une autre de gagner sa vie. Et donc à même de nous transmettre cette conviction, la seule qu'il leur reste. Or, *« il ne faut pas se leurrer, sur le marché du travail, les entreprises demandent de la productivité »*.

« On vous fait faire du quotidien, encore du quotidien, toujours du quotidien, justifie notre enseignant, *parce qu'on se dit que c'est ce qu'il y a de plus difficile. Une fois que vous savez faire ça, vous pourrez vous adapter à l'hebdo ou au mensuel. On se dit : qui peut le plus peut le moins. »* Sous-entendu : qui peut *produire* le plus peut *produire* le moins. L'hebdo et le mensuel n'apparaissent, sous cette lumière industrielle, que comme des quotidiens avec des exigences de rendement sept ou trente fois inférieures.

Notre devise, à la fois révélatrice et ironique, est inscrite au fronton d'un tableau Velleda : *« Faites chiant mais faites vite. »* Un papier le matin, plus des brèves, des filets, des synthèses l'après-midi… De l'info rapide, avec la garantie que les banalités succéderont aux platitudes. Entre creuser et faire creux, nous avons déjà choisi.

C'est dans la presse quotidienne régionale (PQR*) que cette logique de remplissage domine le plus nettement. Ses journalistes fournissent chaque jour deux, trois, quatre articles. A ces forçats de l'info, on demande de tout couvrir : braderies, faits-divers, centres aérés, réunions de quartier, départ en retraite d'un gendarme, décès d'un instituteur… Le moindre microévénement doit avoir sa photo et ses 600 signes. A eux de relayer, aussi, les communiqués des mairies, des entreprises, des associations, des chambres de commerce, moins par connivence que par souci d'efficacité : remplir vite, quitte à remplir de vide.

Lors de son stage estival obligatoire dans ces journaux de province, chaque élève du Centre reçut un courrier amical du directeur : *« Bonjour à tous ! J'espère que vos stages se déroulent bien et que l'exercice de la réalité du métier ne vous surprend ni ne vous déçoit ! » « La réalité »* et non « une réalité » ou « cette réalité », ce qui sous-entendrait : parmi d'autres. La réalité du métier, car le Centre emprunte son modèle à la PQR. Certes, l'école de la rue du Louvre tisse un réseau parisiano-parisien. Certes, elle place tous ses étudiants ou presque dans la presse nationale. Certes, celui qui s'exile au *Midi libre* ou à *Sud-Ouest* fait figure de marginal, sinon de raté[1]. Néanmoins, c'est dans ces quotidiens régionaux que s'épanouissent pleinement les exigences productivistes chères au CFJ. Une école qui, à son tour, contribue à renforcer ce standard dans les « grandes rédactions », formant des journalistes efficaces (et rentables).

« Ils nous forcent à faire, pendant un an, des choses que tu acquiers sur le terrain en un mois. Une prof appelle ça "le retour sur investissement". L'objectif, c'est que quand tu pars en stage dans la PQR, tu sois parfait, vraiment comme un type de la boîte, et que tu donnes une bonne image de l'école. Alors qu'en deux années de formation, ils pourraient quand même tenter des choses différentes. » (Samuel.)

1. Les quotidiens régionaux n'emploient, au total, que 68 anciens du CFJ. Autant que *Le Monde* à lui tout seul (65). 14,7 % des journalistes travaillent pourtant pour la PQR, contre 5,3 % pour la presse quotidienne nationale. Les statistiques citées ici, et plus loin, sont extraites de *Devenir journalistes, sociologie de l'entrée sur le marché du travail*, Denis Ruellan et Dominique Marchetti, La Documentation française, 2001.

LA BASE
DU MÉTIER
C'EST DE RECOUPER
LES RUMEURS...

« *Ne vous embêtez pas,* nous conseilla, un matin, le rédacteur en chef de *Combat*, un quotidien publié par nos soins au cours des municipales de 2001. *Vous faites un copier-coller avec les programmes, les principales propositions des candidats, et c'est parfait.* » Le surlendemain paraissait notre dernier numéro, qui atteignait la perfection du journalisme institutionnel : sur cinquante-trois photos, cinquante et une représentaient des élus parisiens. Dont les vingt maires d'arrondissements. Leur portrait était suivi d'une mini-biographie (« *Françoise de Panafieu, 52 ans, est la fille de François Missoffe, ministre gaulliste. Conseiller de Paris dès 1979, elle est élue députée en 1986...* ») et du rappel d'une trentaine de promesses (« *Cadre de vie : lutte contre le bruit et la pollution, développement du tri sélectif des déchets, création d'une équipe mobile de propreté, mise en place de poubelles spéciales pour les déjections canines, etc.* ») Un bon service de presse n'aurait pas fait mieux. L'essentiel demeurait sauf, néanmoins : ce jour-là encore, nous avions noirci douze pages sur les élections municipales à Paris.

Dialogue récurrent, au sein de notre rédaction : « *Je peux vous faire une brève sur le XX*[e]*, mais ça n'aura pas le moindre intérêt. – C'est pas grave. Le tout, c'est que ça bouche la colonne.* » Pour boucher, encore plus rapide : confier une page aux quatre principaux candidats (Contassot, Delanoë, Tibéri, Séguin), reproduire *in extenso* leurs « réflexions ». Sans, bien sûr, les importuner avec des questions. Un joli exercice de porte-plume...

« *Ça ne me viendrait pas à l'idée de faire une page avec*

une ligne d'info, remarque une journaliste de presse médicale. *Mais peut-être qu'il faut que j'apprenne, sinon les journaux ne seraient pas remplis.* »[1] Nous, on a déjà appris. Et sans même une ligne d'info : « *Hier, ils ont eu une illumination,* relatait Marc. *Ils nous ont annoncé : "Tiens, on a eu une idée, vous allez vous mettre dans les cafés en face des permanences et vous allez nous faire des papiers d'ambiance." Bon, j'y vais, pourquoi pas. Il ne se passe rien, mais rien, personne. Tant pis, c'est la consigne, je tire jusqu'à 4 000 signes avec deux brèves de comptoir. Et aussi un scoop : Séguin ne paie pas ses frites !* » De quoi meubler une demi-page.

A cette orgie quantitative, j'opposerai un autre modèle. Peu, mais incisif. Parce qu'« *il vaut mieux écrire un article par mois. Un article de résistance. Plutôt que cinquante articles de complaisance, de porte-micro, de porte-serviette* »[2]. Parce qu'« *un journal ne se remplit pas, il s'écrit* ». *Combat* partait du postulat inverse, le couronnement d'une année consacrée à rendre des feuillets « *clairs, corrects, concis, complets* », au bon format, en ne se souciant guère du fond[3].

Un matin de *Combat*, pourtant, un mot tabou avait surgi des lèvres du rédacteur en chef : « *Ils nous ont demandé une "enquête" sur la circulation,* souriait Benoît. *Enfin, une*

1. Dominique Marchetti, *op. cit.*, p. 409.

2. Denis Robert, *op. cit.*, p. 124.

3. Un projet éditorial à l'opposé du *Combat* de l'après-guerre, journal avant tout de libres opinions où éditorialisaient Albert Camus, Maurice Clavel et Raymond Aron. Tant qu'à reprendre un titre défunt, *InfoMatin* eût mieux convenu...

ON S'EN FOUT QUE TU N'AIES RIEN À DIRE L'IMPORTANT C'EST DE L'ÉCRIRE !

enquête façon CFJ, *un micro-trottoir quoi.* » Cette commande était assortie d'un judicieux conseil : « *Notre responsable nous a dit : "Ne vous faites pas chier. C'est un sujet où on peut tout faire en interne."* » Sitôt dit, sitôt fait : « *Pour les cyclistes, on a trouvé une Allemande, mais comme on ne comprenait presque rien, on a interrogé Stan [un élève de l'école]. Pour les scooters, j'ai téléphoné à une cousine – pas assez bavarde, on a donc inventé le reste. Pour le métro, c'est une grand-mère, ou une tante, enfin quelqu'un de la famille de David. Pour la photo, c'est une amie de la maquettiste, elle est descendue de chez elle exprès avec sa poussette. Pour la voiture, c'est notre responsable en personne qui nous a servi un numéro d'automobiliste bougon. En une heure, tout était bouclé.* »

Voilà une enquête rondement menée, qui illustre cette critique du documentariste Pierre Carles : « *Quand on a peu de temps pour faire des enquêtes, c'est évident qu'on ne peut que reproduire des poncifs, des clichés, des stéréotypes et en définitive faire le jeu du système.* »[1] Or, le Centre nous habitue à ce peu de temps. Mime la frénésie des rédactions. Nous commande des sujets pour dans deux heures. Pour ce soir. Pour demain… On produit somme toute peu, mais toujours dans l'urgence, sans les quelques jours, ou quelques heures, requises pour des recherches.

Cette agitation se combine, étrangement, avec une profonde inactivité : « *On n'a* grosso modo *rien à faire, et*

1. *Imprimatur*, journal de l'IUT de Bordeaux, septembre 2001.

c'est pour ça que c'est désespérant.» (Sébastien.) *«J'ai l'impression de ne rien foutre.»* (Laure.) *«Ce qu'on fait en deux ans, on aurait pu le faire en six mois en intensif.»* (Isabelle.) Nos principales occupations? *«Fumer des clopes, envoyer des e-mails, tourner autour de la machine à café.»* (Etienne.) Les pauses à rallonge abondent, entrecoupées d'une brève à rédiger, sans qu'on se départe d'une nervosité. Car, *dixit* le directeur, nous devons *«toujours être sur la brèche, prêts à réagir aux événements»*.

Comment allier ces temps vides et ce pseudo-stress? Comment maintenir dans une école ce sentiment d'urgence? Un curieux dispositif le permet : *«L'emploi du temps, rarement fixé à l'avance* et qui, insiste notre responsable, *peut être bouleversé à tout moment, d'une seconde à l'autre, du jour au lendemain. C'est pour ça qu'on ne vous le donne pas.»* [1] Ces horaires tenus secrets, artificiellement, dévoilent une conception du métier : celle d'une actualité après laquelle on court. Celle d'un journaliste trop aspiré par le présent pour ordonner son avenir. *«Ça devient impossible de s'organiser,* regrette Sabine. *Je n'essaie même plus de prendre des rendez-vous pour une interview, puisqu'on ne sait pas quel jour on pourra sortir.»* Mais c'est le but visé, justement, qu'on ne puisse pas s'organiser. Qu'on réagisse dans l'instant. Qu'on rebondisse sur des consignes délivrées à l'impromptu.

Cette improvisation nuit, évidemment, à la qualité de l'information. Un thème bateau, choisi à la va-vite. Un inter-

1. CFJ-*Notre journal*, n° 54, avril 2001.

locuteur unique, arraché sur le fil. Un résultat dérisoire, éternels micro-trottoirs.

En radio, Benoît chroniquait un ouvrage sur la guerre d'Algérie. « *Poursuis ton papier sur le livre de Jacques Duquesne,* lui conseilla une intervenante de France Culture.

– *Mais je ne l'ai pas ouvert.*

– *Pas la peine. Il faut faire vite. Lis juste une critique du* Monde. »

Stéphanie, elle, souhaitait se pencher sur le dernier film de Claude Lanzmann : « *Oh non, non, ce n'est pas nécessaire que tu ailles le voir. Tu n'as qu'à te servir des interviews déjà écrites dans les canards. Il en a donné plein.* » J'avais choisi, pour ma part, de rédiger un papier sur les *working poor.* L'INSEE venait de publier une étude, que je n'avais pas lue et que je ne lirais bien sûr pas. Je me contentais d'un article du *Parisien*, quand l'enseignante interrompit ma lecture : « *Survole, survole, on n'a pas le temps !* » Temps mesuré, temps compté, temps précieux et temps qui presse, qui laisse moins de cinq minutes pour collecter des données...

Nulle incompétence chez cette professionnelle, au contraire. Elle a incorporé le rythme de son métier et en a adopté les ruses : loin de nous handicaper, une absolue méconnaissance des sujets est un véritable atout. Difficile, en cinquante secondes d'antenne, de trahir notre ignorance auprès d'un auditeur moyen. A l'inverse, un savoir incongru risquerait de parasiter notre synthèse : la complexité nous envahirait et nous déborderions du format, dépasserions la minute, voire les une minute quinze.

Ecoutant nos prouesses, le responsable radio n'eut qu'un

reproche : *« C'est plutôt bon, même pas mal. Sauf que l'INSEE, ce n'est pas l'Institut national* des *statistiques. C'est l'Institut national* de la *statistique. Attention, vraiment attention : il faut être rigoureux sur tout! »* Une rigueur d'autant plus exigée sur les détails apparents qu'elle sert à masquer la béance derrière notre assurance (*« un chiffre imprécis, un nom propre mal orthographié, une date approximative et c'est tout votre article qui perd en crédibilité »*, jugera le directeur).

« Sans doute beaucoup de journalistes conservent-ils encore, présume Alain Accardo, *inscrites dans leur* habitus *personnel par d'autres phases de socialisation (par exemple inculcation familiale ou scolaire de principes moraux), des dispositions au plaisir et à la fierté du travail soigneux, accompli en conscience et en y mettant le temps nécessaire. »*[1] Ces funestes dispositions, il convient de les combattre dès l'école. Au travail soigneux, le CFJ oppose mille reportages bâclés. Au temps nécessaire, la mise en scène d'une perpétuelle urgence. A l'accomplissement en conscience, une production routinière et mécanique.

Plus qu'elle n'enseigne un savoir-faire ou un savoir, l'école réforme le comportement : avoir le rythme (des entreprises de presse) dans la peau, accepter le travail mal fait,

---

1. Alain Accardo, *Journalistes au quotidien*, Le Mascaret, 1995, p. 36. Avant d'entrer au CFJ, j'avais apprécié les ouvrages de ce sociologue, avec néanmoins cette interrogation : *« C'est intelligent, mais est-ce vrai? »* Rédigeant ce livre, deux années plus tard, j'ai relu ses écrits. Avec, cette fois, une réponse : *« C'est ça. C'est exactement ça. »* Seule la vigilance de mon éditeur empêche qu'Alain Accardo soit cité à chaque page.

économiser le temps-argent. Ainsi se forment des journalistes prêts à l'emploi, productifs, efficaces, mûrs pour pisser de la copie à jet continu. L'incontinence comme qualité professionnelle…

LA DÉONTOLOGIE C'EST QUOI ?
UNE FAUTE PROFESSIONNELLE !
QUESTIONS POUR UN PIGISTE
-FAUJOUR-

Un point de vue

(Presque) tout était déjà inscrit à l'agenda. A *L'Echo du port*[1], lors de mon stage en PQR, le logiciel Hermès* planifiait pour nous. Restait au chef de locale[2] à répartir les tâches : des balades équestres à Guisnel, voir l'office de tourisme. Remise de médailles à l'hôtel de ville, contacter la mairie. Réunions sur les perspectives du bassin, appeler la chambre de commerce. Trois sujets sur quatre émanaient des institutions. S'y ajoutaient les faits divers, les centres aérés, le passage du Tour de France, les photos aériennes...

Ce soir-là, appareil photo en bandoulière, je me rendais à la résidence Les Erables, un *« logement modèle »* en construction, bâti et vendu par la société Pacorna. Surprise, en arrivant : le responsable publicité de *L'Echo* se trouvait à cette prépendaison de crémaillère. Je l'interrogeais, candide : *« Vous allez acheter un appartement ?*

– Non, je travaille. »

Je n'ai compris qu'après : Pacorna était un gros annonceur. Lui faisait donc de la représentation, et m'introduisait auprès du directeur de l'entreprise, du chef des travaux, de l'architecte, etc. Dans leur toast, ces

---

1. Une « locale », en PQR, définit une mini-rédaction éloignée du siège : le cœur du *Courrier picard* se trouve à Amiens, mais ce quotidien possède des bureaux à Abbeville, Creil, Compiègne, etc. Le nom du journal ainsi que ceux des villages et des interlocuteurs ont été modifiés.

responsables ont bien remercié *L'Echo «pour sa présence et son article»*.

Jean-Claude Ledoux empestait un peu l'alcool, c'est vrai. Chemise ouverte sur une touffe de poils. Un câble pendait dans sa HLM, m'avait-il raconté. Son office public refusait de bouger. C'est un policier qui, effrayé par le danger, avait alerté un électricien. *«C'est inadmissible,* estimait le locataire mécontent. *On paie des charges, nous, pour une permanence d'entretien!»*

«Ne perds pas ton temps avec ces histoires, me conseilla Corinne, ma chef. *Si tu te lances là-dedans, c'est du boulot. Il faudra vérifier, aller voir sur place, rencontrer le directeur de l'OPHLM. Un témoignage comme ça, ce n'est pas fiable.»* Tandis que les communiqués de presse, c'est fiable. C'est, au moins, des mensonges (par omission) proprement arrangés. Tant pis. J'avais encore un dépôt de gerbe à relater. Et la photo de la foire à prendre.

De passage dans son quartier, quinze jours plus tard, j'ai recroisé ce plaignant. Et j'ai pris des photos de sa tour : fils dénudés, gravats dans l'entrée, maçonnerie pas terminée... Jamais, dans ma ville, je n'avais vu pire. A mon retour, ces clichés ne ravirent pas Corinne. D'autres sujets urgeaient. Le marché de Loire-Plage. Un accident rue de la Mare. Quant à cette histoire, on verrait bien. Rien ne pressait.

En deux mois, j'aurais donc décrit un logement modèle. Négligeant les milliers d'autres, qui ne le sont pas... C'est ainsi que *L'Echo* et tant d'autres journaux servent les pouvoirs en place. Involontairement. Simplement par souci d'efficacité. Pour vite remplir leurs huit pages. Pour ne pas perdre de temps ni prendre trop de risques.

Suivre l'actualité

Un élève : *C'est pas d'actualité, mais ça ne veut pas dire que ça ne mérite pas d'être traité.*
Chef des SR, s'énervant un peu : *Non, mais tu te rends compte ? Tu racontes n'importe quoi ! C'est chaud, c'est chaud, ou alors ça ne se justifie pas. On se demande ce que tu fais ici, en deuxième année, pour raconter des trucs comme ça !*

Pendant une conférence de rédaction de *CFJ-Hebdo.*

Lors du debriefing d'un journal mural[1] :

Une enseignante : *« J'ai l'impression qu'il y avait un manque de suivi face à l'actualité. »*

Le directeur : *« Vous êtes quelquefois un peu en retard sur l'actualité. »*

Notre responsable : *« Vous n'êtes pas en phase avec l'actualité. »*

Le directeur : *« Vous êtes parfois en avance sur l'actualité. Il faut bien vous situer par rapport à l'actualité, ni en avance ni en retard. »*

Notre responsable : *« Il ne faut pas aller au-delà de ce que l'actualité vous dit. »*

1. En première année, deux quotidiens sont réalisés durant une semaine – tirés à un exemplaire et scotchés sur les murs.

Les injonctions à suivre l'actualité se suivent et se ressemblent. Décès d'une skieuse, voitures brûlées à Strasbourg, compétition Lang-Delanoë, chute de Kandahar, la magie d'*Harry Potter*, à la poursuite du mollah Omar, projection du dernier Walt Disney... autant de sujets incontournables, qu'*« il faut traiter »*, qu'on *« doit mettre en une »*. Et ça ne se discute pas.

Cette actualité, nos formateurs l'invoquent (et nous bientôt avec eux) comme un phénomène climatique ou une divinité. On *« la suit »*. Elle nous *« parle »*. On se *« situe par rapport à elle »*, tantôt *« en avance »*, tantôt *« en retard »*. Trop fugitive, elle risque de nous *« dépasser »*, alors on lui *« colle »* et on la *« marque à la culotte »*. Finalement, *« c'est l'actualité qui décidera de notre une »* (le directeur). Elle devient notre messie : *« Votre tâche, c'est de reprendre ce qui vous est dicté par l'actualité. »* (Notre responsable.)

Discours ressassés d'une actualité qui nous préexiste, plus qu'on ne la fait (collectivement) exister. Tout comme l'événement s'impose plus qu'on ne l'impose comme événement. Ainsi l'école nous invite-t-elle (épousant une idéologie professionnelle) à renier notre liberté individuelle : parmi les infinis frémissements du réel, nous n'avons plus le choix. C'est l'actualité qui ordonne, qui nous dicte, qui décide quels faits obtiendront ou non droit de cité dans les médias.

Cet impératif, suivre l'actualité, masque une option économiste : est demandé au journaliste de s'abstraire, de renoncer à ses valeurs au profit d'une hiérarchie de l'information plus grand public. Et donc plus vendeuse. Ce glissement, des consignes en témoignent, délivrées aussi bien en presse écrite qu'en radio ou en télé : *« Le Salon du chocolat, on n'y coupera pas. »* « Loft Story, *c'est incontournable. C'est un micro-trottoir minimum. » « Le sujet sur Michael Jackson et son nouveau* CD, *c'est impossible d'y échapper. » «* PSG-OM, *ça ne peut pas être moins d'une page. » « Il faudra bien se taper les réactions à la sortie du "chef-d'œuvre" de cette semaine,* Wasabi, *le dernier film de Luc Besson. »*

A titre individuel, nos intervenants se moquaient bien du cacao en tablette, des ados claustrophiles de M6, de la star blanchie de la pop, etc. Ces instructions sont d'ailleurs délivrées dans un esprit très second degré. Avec clins d'œil à l'appui, les guillemets perceptibles autour de *« chef-d'œuvre »* signifiant, par exemple : navet. Une distance qui n'empêche pas de consacrer deux minutes d'antenne à cette *« superproduction événement »*.

Les mêmes directives, imposées au nom de la rentabilité commerciale, rencontreraient (peut-être) une opposition. Mais l'actualité, tantôt inévitable, tantôt indiscutable, vient euphémiser ces enjeux financiers, les retraduit en termes professionnels et rend plus difficile la contestation. Le vecteur d'une logique d'Audimat : les informations aux conséquences diplomatiques, sociales, artistiques passent à la trappe. Prime désormais l'intérêt immédiat du public, qui vaut au sujet d'être rebaptisé d'actualité. Malgré sa futilité : *« Est-ce qu'il faut rallumer son chauffage ? Avec le coup de froid de ce matin, voilà la question que se posent les gens. Ça, c'est un reportage d'actualité et ça concerne soixante millions de Français. »* (Responsable télé.)

J'METS LES PATATES À GAUCHE ET PIS LES CORNICHONS À DROITE...
COUPEZ ! C'EST TROP POLITIQUE !
FRANCE
FAUJOUR

Les faits omnibus gagnent ainsi du terrain. Des infos qui ne divisent pas et caressent donc l'audience dans le sens du poil.

Il faut… on doit… on n'a pas le choix…

Cette démission du jugement personnel se fait, surtout, à la faveur d'une consécration collective de l'actualité. Si celle-ci nous paraît naturelle, c'est qu'elle est commune à (presque) tous les médias. Qui se copient, se pillent, s'imitent. Qui se mobilisent de concert autour d'un événement.

Cette convergence résulte, en partie, d'une routine journalistique. C'est à partir des dépêches AFP ou des quotidiens, on l'a vu, que nous rédigeons nos propres articles, nos papiers radio, nos commentaires sur image, et tant pis (ou tant mieux) si les mêmes sources produisent les mêmes infos… « *C'est bien écrit,* me félicitera le responsable télé.

– *Je l'ai recopié sur* Le Figaro.

– *Ce n'est pas grave. Il n'y a que toi qui le sais.* »

Cette involontaire circulation circulaire de l'information se renforce d'une imitation délibérée de la concurrence. « Le Monde *en parle sur deux pages, donc il me faut un papier dessus.* » (Radio.) « *L'accident de Régine Cavagnoud, il faut ouvrir dessus. Toutes les chaînes vont ouvrir dessus !* » (Télé.) « *Mais pourquoi tu t'obsèdes avec les infirmières ? On a fait une brève, c'est bon. Regarde* Le Parisien, *regarde* Libé, *y a pas un article dessus. Même pas dans* L'Humanité *!* » (Presse.) Un fonctionnement que le directeur théorise, dès la rentrée : « *Le premier réflexe dans le métier, c'est de regarder ce que font les confrères.* »

On croit suivre l'actualité, on suit en fait le troupeau.

« Troupeau », *« foule »*, *« horde »*... Décrivant ses collègues, tout au long de son ouvrage sur *« l'affaire du petit Grégory »*, Laurence Lacour file la métaphore moutonnière. Et cette ancienne reporter pour Europe 1 ne s'exclut pas de la *« meute »* : *« On a alimenté ce feuilleton pendant des mois. [...] Si mon concurrent n'avait pas écrit cinq cents papiers, jamais je n'en aurais écrit quatre cent quatre-vingt-dix-sept, il fallait suivre... »* [1] Cet instinct grégaire, nous l'acquérons ou le cultivons au Centre.

« Mon dernier reportage date du 3 mai, jour de la confrontation des Villemin et des gendarmes. » Rien de neuf depuis. *« Mais, sous la pression générale, je dois à mon tour reprendre le chapelet des charges que l'on matraque sans répit. »* [2] En rangs serrés, les journalistes accourent sur les mêmes pistes. Guidés par les gendarmes et « le petit juge » Lambert, ils livrent d'abord, tous en chœur, le beau-frère Bernard Laroche comme coupable à l'opinion. Avant de se rabattre, téléguidés désormais par la police, sur Christine Villemin – *« sorcière placée sur le bûcher médiatique »* – sans

---

1. Laurence Lacour, citée *in Information et manipulation*, Paris, Editions du Félin, 1991, p. 90.
2. Laurence Lacour, *Le Bûcher des innocents*, Plon, 1993, p. 347. Lors de cette enquête, la présomption d'innocence fut mille fois bafouée. Qu'importe : groupe puissant, assaillant les *« petites gens »*, ressassant collectivement les mêmes mensonges, les journalistes formaient une bande intouchable. Et le chef de la meute, Jean-Michel Bezzina, qui jurait *« de faire la peau de cette salope de Villemin »*, s'en tira sans dommages : pas un de ses collègues ne stipendia, publiquement, son comportement – alors que tous les agissements des magistrats, des suspects, des avocats étaient passés à la moulinette médiatique.

preuve, ni fondement, ni mobile. Les rumeurs enflent et, répétées de RTL à *Paris-Match*, copiées du *Monde* à *L'Est républicain*, elles deviennent autant de certitudes : gamine, « *le monstre de la Vologne* » a jeté un poulet dans le purin ? De fil en aiguille, une distorsion après l'autre, voilà qu'elle « *s'amusait à noyer ses poupées* ». Giflée une fois par son mari, elle est partie deux heures chez sa mère ? Voilà qu'elle n'a cessé de fuguer sur la Côte d'Azur.

Durant ces huit années dans les Vosges, unis par un accord tacite, les journalistes auront ainsi fabriqué des « *coups de théâtre* », du « *suspense* » et autres « *rebondissements* ». Avec, derrière cet immense consensus (autour de l'enjeu, de son importance, de sa place à la une), des micro-différences : « *Toujours plus fort, toujours plus vite que les autres.* »[1]

Reste que l'info est un produit périssable. L'actu comme la laitue se défraîchit, et le feuilleton finit par lasser. Alors que Christine Villemin obtient un non-lieu tardif, seuls vingt-cinq articles accueillent la nouvelle. Contre dix fois plus pour son inculpation. « *Une amie me répond : "Mais tu sais ce que c'est ! Au bout de vingt-quatre heures, quarante-huit maximum, l'événement est mort." Il n'y avait pas de raison d'en parler au-delà.* »[2]

Le CFJ nous berce des mêmes refrains. Dogme du métier : « *Un événement* s'est *produit* », répète-t-on à loisir. Ce lieu

1. Laurence Lacour, *op. cit.*, p. 347.
2. Laurence Lacour, *op. cit.*, p. 651.

commun conforte une illusion spontanéiste : sauf accidents et catastrophes, l'événement ne *se produit* pas. Il *est* produit. Par des entreprises. Par des syndicats. Par des ministères. Par la police. Et c'est l'agenda de ces institutions qui nous sert d'actualité.

Initiés en 1997, les emplois-jeunes appartenaient au paysage. J'aurais souhaité dresser un vague bilan de cette mesure (utilité variable des postes, perspectives d'avenir, coût du dispositif, etc.), mais notre enseignant m'asséna un : *« Pourquoi aujourd'hui ? C'est une date anniversaire ? Sinon, je ne vois pas l'actu... »* Trois mois passèrent et arriva une conférence interministérielle sur les emplois-jeunes rassemblant Jack Lang, Ségolène Royal, Daniel Vaillant... Voilà qui, en soi, constituait un événement : nous rédigeâmes donc, en agence, un avant-papier (que vont annoncer les ministres ?), un papier-journée (qu'ont annoncé les ministres ?) et un papier-réactions (comment réagissent les partis, les syndicats, le Medef après l'annonce des ministres ?). Pas une fois nous ne rencontrerons, ensuite, les jeunes employés par la police, la SNCF, des associations... Jamais nous ne mesurerons l'impact des décisions gouvernementales sur leur quotidien.

En guise d'actualité sociale, nous suivons le cortège des manifestations : policiers, gendarmes, instituteurs, boulangers, médecins, agriculteurs, infirmiers... Nous prenons note des slogans et relayons les diverses revendications. Mais aussitôt la rue désertée, ces professions sortent de l'actu et retournent à l'oubli. *« On s'intéresse à la vie des forains*

CARTE
PRESSE
2003

quand il y a une foire. On s'intéresse à la vie des routiers quand il y a une grève. C'est comme ça. »[1]

Cet oubli, d'autres, plus fragiles, moins organisés, n'en sortent jamais : contrats emplois solidarité, étrangers en attente de statuts, mal logés refoulés des offices HLM, veuves touchant une demi-retraite… Eux ne se manifestent pas, ne produisent aucun événement et ne méritent donc pas notre attention : *« Il y a des malheureux, d'accord, on le sait qu'il y a des malheureux… Mais là, ça serait quoi ton accroche actu ? »* (Télé.)

La pauvreté fait partie du décor. Pour qu'elle trouve néanmoins sa place, une fois par an, sur les ondes, il convenait de la transformer en événement. Se pliant à cette logique médiatique, ATD-Quart monde organise désormais une Journée de la misère (*« Tu ramènes au moins deux sons : un bénévole ou un responsable, et tu me trouves un pauvre »*, radio.) Les 364 jours restants, on se fait renvoyer dans les cordes : *« Je ne vois pas ce qu'il y a de neuf sur le sujet. »* (Télé.)

C'est un réel réduit à une peau de chagrin que nous offrons à l'opinion. Une France où la détresse n'existe, entre les résultats de Roland-Garros et la petite phrase d'un parlementaire, que le temps d'un drame (mère voleuse de viande, SDF mort de froid, sans-papiers assiégés dans une église). En radio, en moins de quarante secondes, j'annonçais une ribambelle de restructurations : *« Un dégraissage peut en cacher un*

---

1. Citation entendue au CFJ et rapportée par Ana Helena Rossi, *La Professionnalisation des journalistes : les fondements rationnels et sociaux du journalisme*, thèse de sociologie, EHESS Marseille, 1999, p. 249.

autre. Après cinq cents licenciements chez Danone, deux cents chez Marks & Spencer, c'est au tour de Moulinex...» A peine sorti de la cabine, l'intervenant me décoche un : «*Tu n'as pas donné le bulletin météo ni les matchs du soir!*» Car là était l'info. Là résidait son travail de formateur.

L'essentiel est invisible pour les yeux du bon journaliste. L'ordinaire, il ne l'aperçoit plus ou ne s'y intéresse pas *professionnellement.* Lui se concentre sur les nouvelles, fraîches, furtives, souvent *extra*-ordinaires (crimes et accidents d'avion, de train, de tunnel, de téléphérique...).

Quoi de neuf sur le fossé Nord-Sud? Quoi de neuf sur le commerce des armes? Quoi de neuf sur le transport des animaux de ferme? Quoi de neuf sur le blanchiment des capitaux? Rien. Ces réalités, inchangées ou qui évoluent lentement, demeurent donc dans l'ombre de l'actualité. Qu'en ai-je dit en deux années de CFJ? Pas grand-chose, sinon rien. Me tenaient trop à cœur, sans doute, la hausse du prix de l'essence, la finale Bayern-Valence, le plan Vigipirate à Roissy, les gains du groupe TotalFina, la sortie du *Seigneur des anneaux*...

Journaliste reporter d'images pour France 2, à Lille, Gilles Balbastre sillonnait le Nord, filmant des scènes d'inondations, une messe de Noël en ch'timi, des contrôles de douane «spécial télé»... Avant de démissionner, il dresse un bilan de son travail : «*Du 20 décembre 1993 au 21 février 1994, j'ai relevé dans le journal* La Voix du Nord *plus de trois mille licenciements dans les entreprises du Nord-Pas-de-Calais. Il n'y pas eu de "dégraissage" digne de ce nom pour France 2. Au maximum cent à deux cents suppressions de postes de-ci, de-là : fermeture des Fonderies de Jeumont avec trente-deux salariés; cent quarante-trois licenciements à GTS industrie (Dunkerque) ; soixante-douze à Ascométal et à Valdures (Dunkerque) ; une centaine à Rabot Dutilleul (bâtiment) à Arras. [...] Nous n'avons fait aucun reportage sur le problème du chômage durant cette période.* »[1]

Des expériences de terrain et d'école similaires. Qui renvoient à la remarque du sémiologue François Brune : « *Toute information, étant sélection, renvoie au néant tout ce qui se produit par ailleurs. Le fait divers cache l'acte politique; l'agitation politique cache le mouvement de fond socio-économique; le "phénomène de société" en gros titre cache la permanence des inégalités sociales. [...] L'on peut affirmer que la plupart des événements sont des épiphénomènes masquant les réalités de fond.* »[2]

Le Centre nous forme (presque) exclusivement pour l'actu. Ou le news. Ou l'info à chaud. Ainsi, en presse écrite, « *on vous fait faire du quotidien, encore du quotidien, toujours du quotidien* », là où sévit le plus la pression de l'actualité. En télé, nous fabriquons de faux 20 heures, où « *l'on doit retrouver tous les principaux événements* ». En radio, nous multiplions les flashes et les papiers sur « *les gros faits de la journée* ». Et même pour l'hebdo (un seul en deux ans), le

1. Gilles Balbastre, *in Journalistes au quotidien*, *op. cit.*, p. 182.

2. François Brune, *Les Médias pensent comme moi*, L'Harmattan, 1997, p. 26. Ce chapitre s'inspire de cet ouvrage, qui comporte une critique sans concessions de l'« actualité » et de l'« événement ». Des mots qui mériteraient sans cesse des guillemets, tant ces concepts nous leurrent.

directeur annonçait : *« On fait un journal d'actualité, alors ayez ce souci de coller à l'actualité. On va préparer une couve magazine, mais seulement au cas où l'actualité manquerait de génie. »*

Il faut nous couler dans le flux d'informations. Et gare à qui nagerait à contre-courant : *« Le portrait de Rony Brauman, on pouvait le faire dans une semaine, dans un mois. C'est pas bien, ça n'a aucun lien avec l'actu. Le papier sur les GO exploités par le Club Med, c'est pareil. Je ne dis pas que c'était mauvais, mais ça n'a pas vraiment sa place dans un journal à chaud. »* (Une enseignante.)

Cette hégémonie de l'actu, le profil de nos intervenants en témoigne également : c'est un rédacteur en chef de LCI, la chaîne info en continu de TF 1, qui encadre les semaines de télévision. En radio, la diversité apparente de nos formateurs (France Inter, RTL, Europe 1…) masque une forte homogénéité : tous sont des présentateurs de journaux (et non, par exemple, des reporters de magazines). Ce poste induit un rapport au temps : sujets à produire en vitesse, et pour des formats courts, où la fraîcheur de l'information prime sur sa pertinence. *« Il n'y a rien qui énerve plus un présentateur que quand on lui dit que c'est plus compliqué que ça »*, remarque un rubricard « médecine » de l'audiovisuel[1].

Que cette conception du journalisme soit présente dans l'école, voire qu'elle domine l'enseignement, c'est logique.

1. Dominique Marchetti, *op. cit.*, p. 454. Le CFJ forme justement des généralistes, souvent amenés à devenir présentateurs, et non des spécialistes dans des rubriques pointues.

Mais cette course à l'actu devient, au CFJ, notre seul horizon. Elle va de soi. Elle relève de l'évidence. En purs techniciens de l'info, jamais on ne s'interroge sur la représentation du réel que véhicule ce modèle événementiel.

« Dans une entreprise de presse, relève Cyril Lemieux, *les raisons de rompre avec le temps collectif sont des appuis du jugement moins nombreux, plus fugaces et qu'il faut rendre partageables à ses supérieurs et au public, tandis que les raisons de s'inscrire dans la temporalité commune sont au contraire fournies, massivement et au moindre coût, par les autres médias et les agents collectifs et individuels. »*[1] D'où une économie de paroles : à imiter les autres, inutile de se justifier. Une économie de moyens : les nouvelles sont servies à domicile par le fil AFP. Une économie de temps : aucune recherche n'est nécessaire, juste recueillir les propos d'un ministre ou d'un manifestant. Une économie de format : nulle histoire passée à rappeler, nul enchaînement causal à maintenir, on se borne à un éternel présent.

Comprendre (un peu) le monde et le donner à comprendre, c'est pourtant sortir de ce rythme médiatique : regarder loin du bruyant événement, ou revenir dessus à contretemps, ou chercher ses origines en amont. Des déviances que ne tolère pas le CFJ, où tout écart avec l'actualité est perçu comme une faute (*« Ce n'est pas bien »*, *« Il ne faut pas »*, *« Tu aurais dû »*, *« Vous n'avez pas le choix »*). Car dévier de la temporalité commune, ce serait s'éloigner d'une

1. Cyril Lemieux, *Mauvaise Presse*, Métailié, 2000, p. 440.

norme professionnelle qui hante le Centre.

Notre objectif ? Non pas comprendre et donner à comprendre ou d'autres utopies désuètes. Mais, plus prosaïquement, produire *comme* les médias : aussi vite (et souvent mal) qu'eux, au même format qu'eux, sur les mêmes sujets qu'eux, pour offrir aux consommateurs d'infos leur dose d'actualité… périmée le lendemain. *« Leur seul véritable projet est de nous faire accepter le monde tel qu'il est, avec sa pub pour nous vendre la nouvelle Golf, le nouveau programme du gouvernement, le nouveau d'Ormesson, le Nouvel Age, le nouveau scandale de la mairie de Paris, la nouvelle mort de Boris Eltsine, la nouvelle carte bleue de sa fille, le nouveau président des Etats-Unis. Alors que tout est vieux, usé, essoufflé, nase. Alors qu'il est inacceptable le monde. »*[1]

---

1. Denis Robert, *révolte.com*, les Arènes, 2000, p. 38. La ponctuation est ajoutée par mes soins.

Un choix

Pendant l'hebdo, Benoît s'était rendu à Bruxelles, stylo et carnet en poche, pour un contre-sommet européen. A la sortie d'une manif, la police belge le plaque à terre. Le matraque comme il convient. Lui assène de modestes coups de botte. Le garde trente minutes, menottes dans le dos, nez sur le trottoir, à le traiter de *«journaliste, mon cul! Sale gauchiste, oui!»* Emmené au poste, les policiers le forcent à signer des papiers, rédigés en flamand, que les pandores francophones refusent de traduire. Ne comprenant pas un mot, notre Tintin repousse la feuille. Du coup, on le jette en cellule, où il retrouve des manifestants mais aussi un touriste italien, une habitante du quartier, des types qui passaient par hasard... Autant de «casseurs» qu'on maintiendra douze heures au frais, à qui on tentera d'imputer les jets de pierres, bris de vitrines et autres dégradations.

Belle matière, croyais-je, pour un reportage. *«Ce sont les vicissitudes de la vie,* corrigea notre rédacteur en chef. *Aujourd'hui, ce n'est plus d'actualité.»* Six mois plus tôt, à Gênes, oui : les violences policières et la bande à Bové avaient le vent en poupe. Mais l'événement, cette semaine-là, était ailleurs : Valéry Giscard d'Estaing venait d'être nommé président d'une commission sur l'avenir de l'Europe. Une nouvelle diffusée en boucle, interviews et analyses à l'appui, sur les radios, les télés, dans les quotidiens... CFJ-*Hebdo* consacra donc une page à notre ex-chef d'Etat (*« Il fallait asseoir la crédibilité de ce nouvel aréopage en désignant un poids lourd à sa tête... un europhile convaincu... un des pères de l'Europe... il ne manquera pas de développer ses idées... »*). Manifestant à Bruxelles pour son compte, Samuel fut joint sur son portable : *« Si tu pouvais demander aux antimondialistes de réagir à la nomination de Giscard... »*

Finalement, le directeur concéda un demi-feuillet (huit fois moins qu'à VGE) aux mésaventures de notre reporter. A une condition : *« Il faudrait trouver un petit angle marrant et léger. »* Avec cette illumination : *« Les Belges sont toujours en train de se glorifier de leur bilinguisme : "Nous, on parle deux langues", etc. Ça serait marrant de leur renvoyer ça à la figure ! Comme ça, on en parle sans entrer dans les détails. »*

Ni Benoît ni moi n'avons insisté auprès des chefs. Après quatorze mois de cours, nous avions essuyé trop de mini-déconvenues. Nous savions que les articles frondeurs, un peu décalés, n'avaient pas leur place au Centre. Nous produisions donc mécaniquement, parfois avec un j'm'en-foutisme affiché.

Avoir 22, 23, 24 ans et troquer un papier sur les geôles bruxelloises contre un portrait du sémillant VGE, c'est déjà tout un projet de vie. Tout un programme pour la presse. C'est le prix à payer, sûrement, pour ressembler au *Point* et y entrer rapidement. *« Et ce sont des jeunes ! Oui, des jeunes qui ont besoin des vieux ! Des jeunes qui n'ont pas le droit, ni le courage, ni l'envie de crier ce qu'ils pensent ! »*[1]

1. Jules Vallès, *Le Bachelier*, Livre de poche, 1968, p. 320.

La dictature du lectorat

« Ton interview plateau, il faut trois questions, trois réponses. Tac tac tac. En trois minutes maxi, on doit tout savoir sur la mort. »

Responsable télé.

Au lancement de l'hebdo, le responsable des SR (secrétaires de rédaction*) nous encourageait et nous fixait un but : *« Les années précédentes, on a conçu des productions vraiment synchro avec les concurrents. On était sur la même actu que* L'Express *ou* Le Point. *On n'avait rien manqué. J'espère que notre produit sera aussi performant cette fois-ci. »* Voilà notre définition de la performance : obtenir le même produit que les professionnels.

Un rituel témoigne, en télé, de ce souci constant : pour préparer notre JT de 18 heures, le chef d'édition observe les 13 heures de TF1 et de France 2, garde un œil sur i-télévision et LCI, relève les différents sujets, note leur ordre d'apparition… que nous reproduirons fidèlement le soir même. Une copie d'autant plus conforme que les quantités sont respectées : *« Sept minutes sur la mort de Cavagnoud pour un journal de vingt minutes, c'est bien.* PPDA *en fera un tiers aussi ce soir, à peu près.* » Pour mémoire, Alcatel venait d'annoncer le licenciement de dix mille salariés. Liquidés en vingt secondes top chrono [1].

Autre disparition : Gilbert Bécaud, à la veille du bouclage de l'hebdo. « *Il faut faire quatre pages dessus* », ordonnait aussitôt le rédacteur en chef. Avant d'être, le lendemain, saisi par le doute : « *Les quotidiens le mettent en une, mais ça ne prend pas non plus tout le journal. On en a peut-être fait trop. On peut en discuter.* » La parution des hebdomadaires viendra finalement le réconforter : « *Vous avez vu ? Ça fait la couverture de* Match. *Quatre pages, c'est ce qu'a fait* Le Point. L'Obs *aussi. Donc on est bon.* » Et de poursuivre ses tests comparatifs : « *Vous avez parcouru les concurrents ce matin, est-ce que vous avez l'impression qu'on a raté quelque chose ? On a fait une brève sur Messier,* L'Obs *fait six pages dessus... là, c'est pas normal qu'on soit passé au travers.* »

Comme le remarque un journaliste de RFI, « *la norme est fournie par ce qui a été ou sera publié par les confrères des*

1. *PLPL*, journal de critique (radicale) des médias, rapporte la même anecdote : « *Quand, le 31 octobre 2001, la multinationale Alcatel annonce le licenciement de dix mille salariés, l'information est évacuée au journal de 8 heures en quelques secondes [...]. En revanche, les frasques d'une skieuse balladurienne, Régine Cavagnoud, vont mobiliser toutes les rédactions. [...] Pour France Inter, treize des trente minutes du journal de 13 heures lui sont dédiées. Tout le registre de l'info délavée y passe. [...] Un ouvrier du bâtiment glissant de son échafaudage mal ficelé par un patron avide suscite moins de trémolos. Car,* PLPL *le révèle : alors que trois skieurs sont morts d'un accident du travail depuis 1970, soixante-huit mille trois cent cinquante-deux autres salariés ont, dans le même temps, été victimes de leur métier sans émouvoir Chirac ou Jospin.* » PLPL, n° 7, décembre 2001.

autres titres, partenaires et néanmoins concurrents. Le ratage c'est de ne pas publier la même chose que les autres au même moment, éventuellement dans les mêmes proportions. »[1]

Parvenir à cette norme demande aux encadrants un discret, mais constant, travail de sape. Redéfinition des sujets (« *moins intello* »), des angles (« *plus vendeurs* »), des longueurs (« *plus courts* »)… jusqu'à l'incorporation de ces « *lois du journalisme* » par les élèves.

Une étudiante, lors d'un quotidien mural : « *Pour mercredi, avec la sortie du film sur les Bibes, les travailleurs de chez Michelin, on aurait voulu faire un retour sur la condition ouvrière...* »

Le rédacteur en chef : « *Ça, c'est un sujet mag, c'est pas de l'actu. Il faut espérer qu'on aura autre chose comme actu, de l'actu qui parle un peu plus.* »

De l'actu, les intervenants en dénichèrent dans *Le Parisien* : « *Mercredi, je vois qu'il y a PSG-OM. Ça ne peut pas être moins d'une page.* » A J–2, les étudiants titrèrent donc : « *En attendant l'OM...* » A J–1, la tension semblait telle qu'on calmait le jeu avec un : « *Fernandez dédramatise.* » Et le « *jour J* », l'événement s'étalait sur quatre pages : « *PSG-OM, le match qui fait trembler la ville* », puis : « *Une odeur de soufre* », « *Il va y avoir des incidents* », « *Une rivalité historique* », « *Le PSG gonflé à bloc* »… Résultat final : un match nul 0-0, avec de modestes jets de pierres.

1. Georges Abou, *in Journalistes au quotidien*, *op. cit.*, p. 46.

La place accordée à cette rencontre correspondait au projet rédactionnel : toute la promo fabriquait un *« quotidien populaire »* (donc centré sur le foot). Dont le titre était *Le Francilien, « une sorte de* Parisien-bis ». Avec des micro-trottoirs chaque matin, *« un peu l'équivalent des Voies Express »* (une rubrique du *Parisien*). C'est ainsi, en nous forçant, au jour le jour, à rentrer dans ces cadres préconstruits, avec des audiences prédéfinies, que l'école modifie notre façon de choisir les sujets. Et de les traiter.

La scène citée plus haut, d'ailleurs, ne me semble possible qu'en première année. Voire au cours du premier trimestre : au-delà, l'autocensure fonctionne à plein. Sauf par humour ou par provocation, proposer une couverture sur la condition ouvrière ne viendra plus à l'esprit des étudiants, désormais adaptés aux attentes du public. Ou plutôt de notre premier public : les enseignants.

« Un journal, ça passe entre toutes les mains. Alors, ici, on vous apprend à faire de la presse généraliste. On s'adresse à tous, presque sans exception. De l'ignorant au spécialiste, de la droite à la gauche, de l'intello à l'inculte. » Dixit notre directeur dans son laïus d'accueil. Ses premiers mots, qui témoignent d'une inquiétude.

C'est que le Centre se débat dans une contradiction : certes, l'école (comme les grands médias) recrute parmi les CSP +. Mais, par ailleurs, il faut faire du populaire. Un effort, méritoire, pour être compris de tous. Une volonté, louable, d'infléchir nos inclinations narcissiques, socialement définies : musique branchée, art contemporain, édito politologique. Cette pédagogie tourne vite, hélas, à la démagogie. Avec une vision du peuple assez peu flatteuse : football et *Loft Story* pour opium… dont nous sommes chargés de fournir les doses.

En télé, Stéphane souhaitait tourner un sujet sur le commerce équitable. Le prof se tâte. Bof. « *Je verrais plutôt, tiens, par exemple, un truc du genre : que prennent les Français comme apéritif ?*

– Mais c'est nul.

– Oui, mais ça sera regardé par huit millions de téléspectateurs. Tandis que ta campagne, là, de "l'éthique sur l'étiquette", personne ne connaît.

– Mais justement. Ça peut intéresser les gens. Leur faire découvrir.

– Ouais (se tirant la paupière jusqu'aux lèvres). *Mon œil ! Ils s'en foutent les gens.* »

Oubliée notre ambition proclamée : apporter aux citoyens une information accessible et pertinente. Place à l'audience, qui consomme des images, des sons, du papier… et des apéritifs.

« *Les logements des immigrés, tu vois, c'est un peu éloigné des préoccupations des lecteurs.* » « *Ton papier sur les centres d'appels, je ne crois pas que ça passionnerait les lecteurs.* » « *Les taudis du XX*e*, c'est intéressant, je ne dis pas. Pour autant, est-ce que ça plaira aux lecteurs ?* »

Un dogme mille fois asséné pendant *Combat* : tendus vers le Lecteur, nous devions répondre à ses (insondables) attentes. Nous ne vendions pourtant, sur toute la capitale,

TON PAPIER SUR L'ISLAMISTE PÉDOPHILE SÉROPOSITIF AU CHOMÂGE DANS SON FOYER SONACOTRA CONTAMINÉ À L'AMIANTE MANQUE DE FUN...
TU VOIS...
LES ECHOS

qu'un petit millier d'exemplaires de notre quotidien des municipales à Paris. On devine la curiosité de ces aventuriers du kiosque, qui se tournent vers un journal éphémère, rédigé par des étudiants, consacré à la politique locale et à elle seule, avec peut-être encore le souvenir d'Albert Camus ou de Maurice Clavel en tête. N'empêche, notre encadrement maintint le cap de ce lecteur «pas-con-mais…» «*Attention*, avertissait un rédacteur en chef adjoint. *Comme cette fois-ci on n'est plus dans l'exercice, on entre dans le réel, on va vous demander des phrases à la syntaxe vraiment dépouillée, je ne dirais pas sujet, verbe, complément, mais pas loin.*» Hors du média de masse, point de salut… même pour une publication objectivement marginale.

Ce «produit» était d'ailleurs lancé sur une intuition marketing : «*Qu'attendent les Parisiens?* sondait notre directeur. *L'événement qui va passionner tout le monde, cette année, ce sera les municipales. Donc on va faire un journal qui réponde à cette demande, au sens aussi, je dirais, de question.*» *A posteriori*, le rédacteur en chef de *Combat* divergera : «*Est-ce que les gens se reconnaissent dans notre journal? Ce n'est pas sûr que ce produit-là intéresse les gens.*»

Le public ne détermine pas seulement le choix des sujets, mais aussi leur traitement. «*Plus anecdotique.*» «*Moins sérieux.*» «*Plus léger.*» Car «*on n'attire pas les mouches avec du vinaigre*». Alors, «*ton papier, rajoute-lui un côté rigolo, folklorique*» (radio). «*On passe le curé en haut parce que c'est plus marrant, plus insolite. Les foyers, on connaît l'histoire, on sait qu'ils sont dans la misère et qu'ils vont y rester.* » (Presse.) « *Réécris ça, tu vois, un peu plus fun. Un peu plus sexe. On s'en fout si tu restes en surface.* » (Télé.)

Pour toucher le *fond*, de toute façon, le temps ou l'espace nous manque. « *Ton sonore déconne, il fait une minute trente... Sur les travailleurs pauvres, tu vas très vite ennuyer...* » Exigence qui tourne au burlesque sur des thèmes métaphysiques : « *Ton interview plateau, il faut trois questions, trois réponses : tac tac tac. En trois minutes maxi, on doit tout savoir sur la mort.* » Une éternité bien fugace...

Au cours de notre scolarité, seule une journée est consacrée à « l'écriture longue ». Sur deux ans, nous rédigeons quatre ou cinq articles qui dépassent les deux feuillets (le volume de cette double page). La conséquence d'un lecteur type, non seulement semi-demeuré (« *Ce n'est pas un imbécile, mais bon, il faut vous mettre à son niveau, en général très, très bas* »), mais également distrait : « *N'oubliez jamais dans quelles conditions il vous lit : parfois dans le métro, avec du bruit, de l'agitation, des gens autour ou avec la télévision qui marche... il dépasse très rarement les premières lignes. Donc, on ne vous le répétera jamais assez : faites simple. Très simple. Et super court aussi.* » Comme l'ironise un chercheur, « *Madame Michu est conçue comme complètement ignare, lisant peu ou pas du tout, mais il faut quand même la séduire d'une façon ou d'une autre.* »[1]

Temps limité et niaiserie obligent, nous bavardons mais comment *dire* encore ? Nul ne s'y efforce plus. Les ensei-

1. Jacques Le Bohec, *Les Mythes professionnels des journalistes*, *op. cit.*, p. 210.

gnants tentent plutôt de nous en dissuader. Et les élèves acceptent cette vacuité, ou ne la perçoivent pas, ou renoncent bien vite. Ainsi acquiesce-t-on à l'ordre des choses en ne disant rien, ni sur lui ni contre lui. Sans doute un gage d'objectivité…

C'est le patron de l'institut de sondage CSA qui a prononcé notre leçon inaugurale. C'est lui encore qui sera invité au séminaire sur les religions. C'est son concurrent d'Ipsos qui nous décrira *« scientifiquement »* l'univers des médias. Cette place accordée aux sondeurs ne surprend guère : tout l'enseignement du CFJ se fonde sur une logique d'opinion. *« Le spectateur réclame... le lecteur attend... l'auditeur s'en fiche... »* Nous voilà prêts pour la course à l'Audimat.

Le public est ainsi invoqué, constamment, comme un dieu caché dont les désirs sont des ordres et les goûts tout-puissants. *« Gardez bien ça en tête : que veut votre lecteur ? Des faits et rien que des faits. »* Et jamais ce triste sire, cet homme moyen, sans aspérité, incarnation du marché, équivalent pour débutants des ménagères de moins de 50 ans, n'attend, bien sûr, de l'audace, de l'originalité, de l'analyse, des enquêtes… *« On n'encourage pas à la prise de risque. On tire vers le bas, soi-disant pour le public. »* (Benoît.) Ainsi nous forme-t-on pour un journalisme sans souffle et sans révolte, sans inspiration, sans idées, sans style, conformiste et propret, qui ratisse large et ne choque personne, au nom d'un lecteur très moyen qui force au consensus.

Une pratique que théorisent les invités du CFJ : *« La*

première qualité de ce métier, c'est de repérer les événements qui intéressent le plus, de réfléchir à ce qui sera le sujet de conversation à table» (Robert Namias, directeur de l'information de TF 1). Dès lors, la première fonction de ce métier n'est plus d'éclairer, tant bien que mal, le présent – pour agir à sa mesure. Mais plutôt de fournir un pot commun de lieux communs où le consommateur peut puiser ses conversations à table[1]. Un journalisme de salon, chargé de *divertir*.

Le divertissement, c'est une évidence avec des reportages sur les championnats du monde de bridge, le premier film réalisé par Sophie Marceau, la transsexualité supposée de Miss France, etc. Divertissement, encore, pour *Combat*, dont le *« rôle sera de faire vivre ce suspense qui va tenir en haleine tous les Parisiens : est-ce que la capitale va basculer à gauche ? »* (Notre directeur.) Se succédèrent des papiers sur *«le chapeau à la Indiana Jones de Jacques Boutaut [candidat écolo]»*, sur les *«pizzas, régime de base de Philippe Séguin depuis le début de la campagne»*, sur les lunettes que Bertrand Delanoë *«pose sur la table, reprend, met sur le bout de son nez»* [2]... Des politiciens starisés qui éclipsent les difficultés de transport, de logement, de mal-vivre, d'environnement.

Divertissement, toujours et partout, car jamais un article n'est précédé de cette interrogation : «Aujourd'hui, que dois-

1. Idem pour une publicité d'Europe 1 relevée en septembre 2002 : *«A quoi ça sert l'info, si on ne s'en parle pas?»* Le but du journaliste? Non plus aider à comprendre le monde mais bien fournir matière à bavardages.
2. *Combat*, 19 mars 2001.

je dire au monde et sur le monde ?» S'y substitue une mécanique (copier des dépêches, fournir vite, suivre le troupeau) qu'accompagnent ces seules questions : Comment plaire au public ? Qu'attend-il ? Avec quoi l'accrocher ?

Divertissement, toute cette actualité, parce qu'*« on gratte et derrière : le néant. Et derrière : les stratégies des multinationales. Et derrière : l'oubli que nous sommes de simples mortels »*.[1] Chaque heure de chaque jour, des événements se chassent et se remplacent, apportant leur lot de paillettes et de tragédies, remplissant de nouvelles des existences qui somnolent dans les habitudes – un concentré de vie par procuration. Le journaliste n'est-il pas, d'ailleurs, le premier à fuir son vide dans les échos de l'actu ?

1. Denis Robert, *révolte.com*, *op. cit.*, p. 39.

Un reportage

Je le redoutais : en radio, on allait me coller aux grèves de métro. Pour échapper à ce pensum, je m'étais concocté un sujet de rechange : le nucléaire. J'avais rassemblé une demi-douzaine de contacts, militants anti, expert estampillé EDF, enfouisseur de déchets, etc. Vendant cette idée, je la raccroche tant bien que mal à l'actualité : dans trois jours doivent défiler des manifs à Paris, Lille, Lyon, Rennes, Marseille, Bordeaux. *«C'est trop tôt par rapport à l'actu»*, tranche l'intervenant. Nouvel essai : la semaine dernière, on craignait le crash d'un avion d'Al Qaida sur une centrale, j'aimerais faire le point, quels risques?, etc. *«Ça arrive trop tard, c'est complètement dépassé.»*

*«De toute façon, les grèves, tous les autres vont en parler. On ne peut pas faire l'impasse dessus, l'*AFP *sort déjà des "Urgents".*

– Mais ça ne m'intéresse pas.

– Il y aura plein de choses qui ne te plairont pas dans la vie. Tu dois d'abord penser à tes auditeurs, et ils attendent ça.» Une autre enseignante me présente aussitôt l'angle : *«J'ai lu un édito de Bruno Frappat, ce matin, dans* La Croix. *Regarde, c'est vraiment incendiaire... Est-ce que c'est le bon moment pour une grève, alors que les gens se sentent menacés? Les syndicats sont complètement irresponsables... une grève des transports en pleine crise internationale, avec l'anthrax,*

Ben Laden, les alertes à la bombe. Donc, c'est un peu ça qu'on devrait retrouver dans ton reportage. Place aussi un micro d'ambiance pour les colis suspects.»

Il est 10 h 15. *«Retour obligatoire avant 11 h 30.»* Malgré l'urgence, je souhaite m'initier au Nagra[1] numérique : *«Non, ça va encore prendre un quart d'heure pour t'expliquer.»* Qu'importe, je désobéis. L'analogique, je connais, et qu'au moins j'améliore ma maîtrise du matériel...

A la gare du Nord (où rien, m'avait-on dit, ne circulait), des trains partent chaque demi-heure pour la banlieue. J'interroge Aziz, déjà installé sur une banquette : il avait prévu de prendre un taxi, mais il a finalement trouvé un RER pour l'aéroport Charles-de-Gaulle. Son impression, *«c'est que les grèves ne sont jamais suivies à 100 %. Même pas à 70 %. Peut-être à 50 % mais pas plus»*. Même réaction d'Hélène, au départ pour Mitry-Claye : *«On ne l'entend jamais sur les antennes mais il y a toujours des trains. Sauf pendant les grèves de 1995, mais sinon ils maintiennent un service plus que minimum.»* Je tâte le terrain côté anthrax et attentats : mes deux interlocuteurs ricanent doucement...

Ce n'est qu'aux Halles que je rencontrerai des travailleurs vraiment embêtés par la grève. Un cameraman et un journaliste de France 3 Ile-de-France qui ne trouvent personne à sonder. *«Merde, merde, il faut*

1. Marque de magnétophone utilisée dans la plupart des rédactions.

MICRO-TROTTOIR APRÈS MICRO-TROTTOIR ON RAMÈNE TOUJOURS LA MÊME CHOSE...
CFJ
FAUJOUR

qu'on se presse...» Ils se précipitent sur les quais : les voyageurs n'attendent que depuis cinq minutes... *«On n'a rien, rien. On ne peut pas ramener ça.»*

Moi, je ramène *ça*. Ce *rien*. Je détaille le contenu de mes «sonores» à l'intervenante, qui en déduit : *«Donc, ton angle, ça va être que dans les circonstances dramatiques que nous vivons, la* RATP *s'est arrangée pour alléger les menaces qui pèsent sur les passagers. Pour qu'on puisse garder la tête hors des flots. Reprends aussi les dépêches* AFP *sur tous les débrayages.»* Nouvelle insubordination, discrète : je monte plutôt ma bande sur le mode trafic perturbé et désagréments mineurs. Un résultat jugé plat, à juste titre : *«Quand même, quand même, tu aurais pu faire un effort... Je viens d'écouter* LCI, *eh bien il y avait des gens qui se plaignaient. Qui se sentaient pris en otages.»*

Cette saynète illustre bien le fonctionnement du bon journaliste :

1. Le lien à une actualité chaude. (A noter au passage : le surlendemain, l'armée déploiera des missiles air-sol autour de La Hague. Une nouvelle qui fera la une de tous les quotidiens et qui nous vaudra d'improviser des papiers.)

2. Un temps de production réduit. Faire le point sur les risques nucléaires aurait réclamé plus d'une journée. Voilà qui excède les délais en vigueur au Centre. Mieux valait que je torche un reportage dans l'urgence (simulée) : en moins d'une heure trente.

3. Respect du format. Un thème comme : « Doit-on craindre le nucléaire? » ne peut se traiter en une minute quinze. Surtout avec cinq ou six interviews. *« On n'est pas là pour faire du mag »*, tranchera à plusieurs reprises notre intervenant. En revanche, une grève à la RATP rentre aisément dans les soixante secondes imparties.

4. La circulation circulaire de l'information. *« Tous les autres vont en parler », « on ne peut pas faire l'impasse dessus », « l'AFP sort déjà des "Urgents" »*. Le sujet s'impose, au nom de la concurrence. Et même l'angle est emprunté à la presse écrite. Reste au petit reporter à confirmer, sur le terrain, les intuitions de ses guides.

5. La dramatisation obligée. *« Tu aurais pu faire un effort... Je viens d'écouter LCI, eh bien il y avait des gens qui se plaignaient. Qui se sentaient pris en otages. »* Un reproche logique : pour cause de concurrence, il fallait y aller. Mais si on en parle, c'est que le sujet le mérite. Il convient donc d'en rajouter pour justifier notre choix : *« Tu aurais dû dire à ton manifestant : "Bon, maintenant on le refait mais vous êtes en colère" »*, conseillera une prof à un camarade.

Côté technique, ou intellectuel, ce reportage ne m'a rien appris. Pas plus que des dizaines d'autres. Mais il s'agit moins d'*apprendre* que d'*accepter*. Accepter un mode de production routinier. Accepter de fournir des reportages ridicules, sous prétexte de devoir professionnel. Accepter le dégoût de soi, de son travail, pour lequel on éprouve plus de honte que de fierté.

II. LA THÉORIE :

ABRUTIR

A quoi doit penser le bon journaliste ?
A rien. « Vous n'êtes pas venu ici pour penser, mais pour faire des gestes qu'on vous commandera d'exécuter... Nous n'avons pas besoin d'imaginatifs dans notre usine. C'est de chimpanzés dont nous avons besoin... Un conseil encore. Ne nous parlez plus jamais de votre intelligence ! On pensera pour vous mon ami ! Tenez-vous-le pour dit. »

Louis-Ferdinand Céline, *Voyage au bout de la nuit.*

Mort cérébrale

« Pas de cap à “talibans”, on n’en met pas non plus à “mollah”... comme si on mettait une majuscule à “bougnoule” ! »

Le responsable des première année.

Difficile d’imaginer une école sans bibliothèque. D’autant plus une grande école. Qui plus est de journalisme. C’est pourtant possible, le CFJ en témoigne : en guise de rayonnages livresques, une (très) modeste « documentation », avec des magazines, un *Quid*, quelques dicos, le trombinoscope de l’Assemblée nationale… Une centaine d’usuels, à peine.

« Il faut attendre qu’on la réinstalle », nous assure le directeur. Car la bibliothèque serait *« en cours de transfert »*. Voilà qui n’apparaît pas, pour le moins, comme une priorité : depuis que l’établissement a déménagé, en 1998, tout, du sous-sol au septième étage, les studios d’enregistrement, les salles de cours, les bureaux du secrétariat, de la direction, de la comptabilité, tout fut réaménagé. Tout, sauf la bibliothèque.

Mais à quoi bon se presser ? Jamais cette bibliothèque n’a manqué à notre enseignement. Jamais un professeur ne s’est exclamé : *« Tiens, vous n’aurez qu’à lire l’essai de… Ah non, mince, c'est vrai, j'oubliais qu'il n'y a plus de livres dans cette école.»* Jamais un permanent ne nous a conseillé la lecture d'un ouvrage (hormis la directrice du CFPJ qui, lors d'une conférence, introduisant Roger Pol-Droit, philosophe au *Monde*, brandissait son dernier opus à bout de bras et nous haranguait comme une bonimenteuse : *«Il vient de publier* Les Religions expliquées à ma fille, *achetez-le, courez l'acheter en sortant de ces rencontres...»* Encore s'agissait-il moins de lecture que d'achat.)

Cette situation ne résulte d'aucun calcul. A aucun moment les administrateurs du Centre n'ont décrété : *«Point n° 2 : les livres seront désormais proscrits de ces murs.»* L'absence de bibliothèque correspond juste au programme de l'école (jamais formulé comme tel, bien entendu) : puisque, pour faire du journalisme, aucun savoir n'est requis, à quoi pourraient donc servir les instruments du savoir ? A l'ESJ de Lille, d'ailleurs, un immense fonds subsiste... rarement consulté, comme le raconte le documentaliste : *«Les étudiants arrêtent quasiment de lire des livres lorsqu'ils passent le seuil de l'école de journalisme, comme s'ils devaient d'ores et déjà acquérir et intérioriser les réflexes en vigueur dans les rédactions, à savoir se situer d'abord par rapport aux concurrents.»*[1]

Net income before one-time items... Foreign exchange trading... Revenue from stock trading and underwriting...

1. Cité par Jacques Le Bohec, *in Les Mythes professionnels des journalistes, op. cit.*, p. 308.

398 million in goodwill and amortization... Lors d'un cours d'agence, le jargon financier s'étalait tout au long d'une dépêche. L'intervenante nous traduisait ces termes un à un, patiemment : actifs, compte d'exploitation, résultat brut, fonds de roulement... Même en français, ces mots restaient pour nous de l'hébreu. En dix minutes, cette journaliste du *Figaro* tenta alors de délivrer des rudiments de comptabilité. Un survol. *« Le mieux, bien sûr, serait qu'on vous enseigne ça sérieusement,* concéda-t-elle. *Mais ce n'est pas grave. Pour vous aider, vous aurez toujours les dossiers de presse des entreprises. Vous pourrez leur téléphoner pour qu'elles vous expliquent. »* La garantie d'une information objective : urgence et ignorance sont les deux mamelles des services de communication...

Nous n'apprenons rien, ou si peu, sur le tiers-monde, le libéralisme ou la psychanalyse. Jamais nous ne discutons de la Constitution française, du financement des partis ou des institutions européennes. Nous ne recevons aucune formation sur le fonctionnement de l'Etat ou des collectivités locales. *« Ça manque de spécialistes. On écrit sur tout, de manière extrêmement superficielle. Et on a l'impression qu'ils trouvent ça normal. Presque positif. »* (Laure.)

Parvenu au même constat, je demandai au directeur un éclairage sur l'urbanisme et sur ses lois, suggérant d'inviter un architecte pour deux ou trois jours. Lui me répliqua aussitôt : *« On n'est pas là pour ça. Vous acquérrez ça sur le terrain. »* Variante, lors d'une seconde tentative auprès de notre responsable : *« Vous avez été acceptés ici, donc on estime que vous avez de solides bagages. Inutile de revenir*

CFJ : LA VOIE ROYALE

dessus.» De fait, le quiz d'actualité (et non de culture générale) constitue l'épreuve phare du concours d'entrée. *«Qui est le docteur Godard? Quel écrivain américain est décédé en mars dernier? Quel film a obtenu la palme du meilleur scénario au Festival de Cannes?»* Un test qui nécessite, certes, d'avoir fiché *Libération* ou *Le Monde* pendant six mois. De là à avoir une compréhension, même partielle, de notre société…

L'école n'étant pas là pour ça, puisqu'il est inutile de revenir dessus, l'enseignement théorique survit à peine. Comme un alibi. Une heure d'histoire le lundi, une autre d'économie, cinq journées sur la justice et c'est tout pour la première année. Puis deux (remarquables) semaines en seconde année, l'une sur la géopolitique, l'autre sur les religions. Point barre. Des oasis, perdues dans le *no man's land* des exercices de style, de ces mois entiers à fournir des filets, des flashes, des synthèses… *«Sur le plan intellectuel, je n'ai rien appris. C'est même plutôt asséchant.»* (Carole.)

Que la culture gé vivote *en marge* de la pratique, passe encore. Plus désespérant : l'absence de réflexion *dans* la pratique. C'est flagrant pour les micro-trottoirs, les info-divertissements, les citrouilles en plein Paris… Mais c'est le cas, aussi, pour des sujets plus politiques. Nous multiplions les papiers, trois mois durant, sur les péripéties autour des retraites, du PARE, des 35 heures, sans voir plus loin que le bout de nos dépêches AFP, sans rien savoir de l'Unedic ou de la gestion paritaire, sans comparer capitalisation et répartition. Nous rédigeons pour CFJ-*Hebdo* six pages sur l'*«euro, le roman d'une naissance*», sans le moindre questionnement sur, par exemple, les critères de Maastricht, leurs conséquences sociales, la souveraineté nationale, etc. Techniciens-producteurs d'infos, à quoi bon penser? Nous laissons cette tâche aux intellos.

Cette coupure, notre directeur la formule dès la rentrée : «*On ne va pas vous assommer avec des discours, avec des cours de déontologie ou de philosophie qui planent à mille lieues des réalités. Ici, cet apprentissage passe par la pratique.*» Une vision qui fleure l'anti-intellectualisme : d'un côté, les propos ennuyeux et les concepts stériles de purs esprits, certes décoratifs, mais détachés du monde. De l'autre, les journalistes, hommes de terrain et maîtres du réel.

Quant à l'encadrement technique, qu'on ne compte pas trop sur lui pour stimuler nos neurones. Alors qu'une élève lui rendait un article sur le pop art, une enseignante rejeta sa feuille et s'exclama : «*Quand j'entends le mot culture, je sors mon revolver.*» C'était de l'humour, bien sûr. Un autre, passant au secrétariat de rédaction, nous proposera cette règle typographique : «*Pas de cap à "talibans", on n'en met pas non plus à "mollah"... comme si on mettait une majuscule à "bougnoule" !*» C'était sans doute du second degré. Au fil des échanges, on mesure chaque jour davantage combien, pour reprendre un euphémisme cher à Laure, «*nos professeurs ne frôlent pas l'excellence*». Ces personnes reflètent simplement, sans qu'on leur en tienne rigueur, le projet pédagogique du CFJ, fixé par la direction et son conseil d'administration.

Un programme abêtissant, mais pas bête. L'école s'ajuste, rationnellement, à la réalité du métier : qui entre au CFJ ? Des Sciences-Po. Des maîtrises d'histoire. Des DEA de lettres. Des bac +3 au minimum, des bac + 5 à la pelle. Or, que demandent les entreprises de presse ? Des simili-intellectuels ? Sûrement pas. Plutôt *« une masse d'exécutants qui sont, en quelque sorte, les manœuvres et les OS du tertiaire, en ce sens qu'on leur demande d'être juste suffisamment qualifiés, instruits et cultivés pour faire un travail dépourvu de créativité, conformiste et totalement "routinisé" »*[1].

Pas facile, pour le Centre, de gérer les contradictions du système : d'un côté, les grands médias profitent de la concurrence entre prétendants au journalisme et réclament toujours plus de diplômes, de titres scolaires prestigieux. De l'autre, sont confiées aux entrants des tâches stériles : travail de « desk », micro-trottoir, etc. *« L'écart entre la formation initiale et la destinée ordinaire des intellectuels laisse songeur. Tout ça pour ça ? Montaigne, Pascal, Kant, Einstein, pour quoi ? Shakespeare, Dostoïevski, Virginia Woolf, Colette, pour quoi ? Pour rédiger la dernière rubrique "consommation" d'un magazine féminin où l'on aligne les appareils qui musclent "vraiment" les abdominaux et la dernière marque de yaourt allégé ? Essayer de redorer par quelques mots d'esprit des chroniques expirantes traitant du dernier "phénomène de société" ? »*[2]

---

1. Alain Accardo, *Journalistes précaires*, *op. cit.*, p. 16.
2. Anne et Marine Rambach, *Les Intellos précaires*, Fayard, 2001, p. 147.

L'école se charge donc du sale boulot. Que faire pour nous préparer à la profession ? *« Rabaisser notre niveau »* (Carole), nous faire sortir les Montaigne and Co de l'esprit, nous accoutumer aux corvées moroses. *« Quand je quitte mon appart', je pose mon cerveau sur un tabouret, je pars à l'école, je passe ma journée à obéir sans râler, je rentre chez moi et là, je remets mon cerveau. »* (Benoît.) Un organe inutile, voire nuisible, dans un Centre de formation des journalistes où compiler des dépêches représente un sommet de l'activité neuronale.

C'est cette surenchère par le bas, ce *« culte du moins-disant, du moins-pensant, du moins-sachant »*, que stigmatise Jérôme : *« Il y a un manque vraiment désespérant d'interrogations, de confrontations sur le fond qui engendre un conformisme. Dans une école, c'est navrant. »*

Ces confrontations sur le fond, certes, le CFJ ne les encourage pas. Voire les décourage. Mais les étudiants n'y aspirent guère davantage. Entre nous, jamais d'engueulades, jamais de débats. Sur le libéralisme, l'écologie, la place de l'Etat, la fermeture de Michelin, rien. Seul *Le Fabuleux Destin d'Amélie Poulain* – pour ou contre ? facho ou rétro ? – éveillera une mini-controverse. Les petits potins de bureau (t'as regardé quoi hier soir ? tu bouffes quoi ce midi ? t'as prévu quoi pour ce week-end ?) et le néant médiatique (Loana vainqueur de *Loft Story*, Nantes éliminé de la Ligue des champions, etc.) emplissent nos conversations. Une parole publique anémiée, une pensée exsangue… en un lieu où se forment les agitateurs (supposés) de la démocratie. Comment expliquer ce paradoxe apparent ?

À 20 ANS ON VEUT CHANGER LE MONDE...
ET À 22 ON SE REND COMPTE QUE C'EST PAS ASSEZ BIEN PAYÉ...
IBM
FAUJOUR

La faute à l'époque, sûrement, désenchantée. Nous avons grandi dans la crise, génération pragmatique, réaliste, sans utopies ni illusions. *« Il y a un lien intrinsèque entre cette espèce de nullité de la politique,* notait Cornélius Castoriadis, *ce devenir nul de la politique et cette insignifiance dans les autres domaines, dans les arts, dans la philosophie ou dans la littérature. C'est ça l'esprit du temps. Tout conspire dans le même sens, pour les mêmes résultats, c'est-à-dire l'insignifiance. »* [1]

S'y ajoute une forte homogénéité sociale : comment débattre de la torture en Algérie, du Tribunal pénal international, des interventions en Afghanistan, alors que nous sommes tous d'accord ? tous progressistes, tous modernes, tous du centre gauche ? tous proches de Delanoë, ce *« Lawrence d'Arabie qui a conquis Paris »*, ce *« grand imaginatif [...] un peu visionnaire », ce « chevalier sans peur »* qui *« ne s'arrête jamais »* et *« ne fait pas la star »* [2] ? S'opposer sur des micro-différences relève d'une joute verbale ludique. D'une quête de distinction.

Enfants des classes moyennes, à la jeunesse insipide et/ou heureuse, nulle injustice ne nous a marqués. Nous n'éprouvons aucune colère contre le monde, à quelques détails près. Nous ne sommes, pour la plupart, habités d'aucun besoin de dire. A quoi bon, dès lors, fourbir des outils théoriques pour

---

1. Cornélius Castoriadis, dans un entretien avec Daniel Mermet, sur France Inter, novembre 1996.
2. *Combat*, 19 mars 2001. Une idylle se noua, pendant quinze jours, entre notre quotidien et le candidat socialiste d'alors. Dans les mois qui suivirent, la Mairie de Paris accorda une subvention de 305 000 euros au CFJ.

dénoncer le réel ? Nous avons étudié sérieusement, jusque-là, docilement, pour plaire à nos profs et à nos parents : lectures imposées, plans en trois parties, examens à bachoter… Puis nous touchons au but : la grande école. Pourquoi lire encore ? Notre promotion sociale est désormais assurée, ou emprunte d'autres voies…

Réfléchir, bien des élèves n'en voient plus l'intérêt. *« Je ne suis pas entrée au CFJ pour ça. Moi, ici, je veux que ça bouge. »* (Valentine.) Une fan du mouvement, émule de David Pujadas. A son arrivée rue du Louvre, le futur présentateur de France 2 *« s'attend à plonger au cœur de l'action. […] Ce qu'il veut (déjà), c'est "du concret, du terrain, de l'efficace" ».* *« Son bonheur »*, il le trouve *« en deuxième année, avec la spécialisation télé : enfin de l'info à traiter, des images à tourner, des reportages à fabriquer ».* Avant de s'épanouir définitivement à TF 1. L'un de ses premiers reportages ? *« L'interdiction du port du maillot de bain en ville par un maire de la Côte d'Azur. »* [1] Un véritable homme d'action.

Ce parcours illustre une leçon darwinienne : *« Il faut s'adapter à son milieu. »* (Notre responsable.) C'est grâce à sa bougeotte que notre héros du 20 heures *« est parvenu au top ».* A l'inverse, le sens critique se traîne comme un boulet : comment informer sur le port du maillot de bain en ville ou la vente des chrysanthèmes à la Toussaint lorsqu'on maintient une conscience du monde ? Mieux vaut une tête bien vide, qui produira naturellement du vide.

---

1. *CFJ-Notre journal*, n° 56, janvier 2002.

« L'absence de recul historique, de connaissances juridiques, le manque d'épaisseur culturelle des journalistes sont des vices de la profession qu'on ne cite pas assez souvent, reprochait le rédacteur en chef de *La Croix. On pourrait s'interroger longuement sur l'enseignement distillé dans les écoles de journalisme. »*[1] Autant de vices ou de vertus ? Armés de cette médiocrité, nous truffons de plein gré notre discours de clichés dans l'air du temps, d'explications toutes faites, de platitudes que le public comprend sans peine et qui ne le choqueront pas.

Dans *CFJ-Hebdo*, la monnaie unique fut ainsi décrite comme *« novatrice et surtout nécessaire »* : *« Difficile en effet de commercer au sein du Marché commun [...] quand des fluctuations de monnaie peuvent à tout moment faire varier les prix d'un pays à l'autre. »* Cette appréciation ne résultait d'aucun choix politique, respectable. Mais plutôt d'un non-choix. D'une non-pensée. Qui naturalise les processus historiques, financiers ou sociaux. Qui présente comme nécessaire et positif ce qui est. Qui épouse sans effort le consensus.

« Les journalistes sont les premiers producteurs, et les victimes consentantes, de l'idéologie ambiante, les premiers pourvoyeurs de phrases impensées, de fausses évidences, de réflexes économistes ou juridiques. »[2] Des lieux communs simplistes, certes. Mais préférables à une complexité moins commode, débordant de nos une minute trente ou de nos

1. Bruno Frappat, *Imprimatur*, n° 20, février 1993.

2. Denis Robert, *Pendant les « affaires », les affaires continuent*, *op. cit.*, p. 53.

2500 signes, et donc catastrophique pour l'audience. Dès lors, tout raisonnement est vivement proscrit du CFJ. *« A titre personnel,* annotera un enseignant (qui n'avait pourtant rien d'un phare), *je trouve ça intéressant. Mais ton lecteur moyen ne suivra pas. Il décrochera dès le premier paragraphe. »*

Rendant compte d'une conférence, je notais : *« Le but proclamé de ces rencontres semblait sain... »* L'adjectif « sain » fut aussitôt entouré par le directeur, qui commenta dans la marge : *« Cela commence par un commentaire. »* Plus loin, je poursuivais : *« Derrière cette raison affichée, on devine un second motif. » « Pas dupe, le bougre ! »*, ironisa ce correcteur. Comme s'il était impensable qu'un étudiant discerne, derrière de belles paroles, de moins nobles intentions. *« Donne-nous de l'information, des faits*, conclut le censeur. *Pour ton opinion, on s'y intéressera plus tard ! »* Se limiter aux faits, en l'occurrence, c'était servir de porte-micro à des interlocuteurs qu'on m'avait imposés. Enregistrer leurs discours et les retranscrire. Jouer les sténodactylos n'exige aucune culture, au contraire : voilà qui risquerait d'induire des tentations...

« Qu'est-ce que c'est, le but de tout ça ? s'interrogeait Jérôme. *De transformer des, bon, pas vraiment des universitaires, mais des étudiants à bac+4, en gratte-papier ? »* Probablement. Ainsi traverse-t-on le CFJ comme un sas de désintellectualisation. Une entreprise d'abrutissement, sous couvert de réalité du métier. Nous voilà condamnés à un face-à-face mortifère avec la pratique, enfermés dans une usine à infos, avec des exercices stériles, anesthésiants, cent fois

répétés. Aucune réflexion pour s'évader. Aucun livre à ouvrir comme une fenêtre.

L'objectif, après deux années de ce régime : livrer à la presse ses légions de techniciens, fonctionnels, efficaces, rapides et surtout pas pensants. Car la pensée ralentit. Elle grippe la production. Elle introduit le doute comme un grain de sable dans les rouages du rendement. *« Les convictions et les idées sont le pire frein à l'*efficiency. *»*[1]

1. Jean-Christophe Comor et Olivier Beyeler, *Zéro politique*, Mille et une nuits, 2001, p. 33.

BIENVENUE AU CFJ...
L'ÉCOLE QUI VOUS TIRE VERS LE BAS...
- FAUJOUR -

Un autodafé

En ce lendemain de rentrée, je souhaitais emprunter un manuel publié aux éditions CFPJ, présenté dans une vitrine à l'accueil, sur *Les Droits de réponse, de réplique, de rectification*, etc. «*Je suis désolé*, regrette un archiviste. *Ils nous ont tout enlevé. Nous ne parvenons même pas à obtenir nos propres livres.*»

«*Sans documentation, pas de journalisme*», titraient pourtant les *Mémoires pour un cinquantenaire*[1]. Cet ouvrage d'autopromotion, édité en 1996, se félicitait de «*la richesse du fonds*», qui comptait alors onze mille cinq cents volumes, deux cent neuf périodiques, deux mille dossiers thématiques... «*Un outil réussi et inestimable*», une bibliothèque «*exceptionnelle, souvent enviée et consultée régulièrement par les chercheurs et les historiens de la presse*». Le dithyrambe s'étalait sur cinq pages.

Qu'est devenu, quatre ans plus tard, ce «*lieu de travail, mais aussi de rencontres et d'échanges*» ? Un cagibi, sans une table où étudier, qui peut à peine contenir trois visiteurs (debout). La régression s'est faite (et se poursuit) par étapes :

A l'automne 1999, *CFJ-Notre journal* annonce que, «*suite à la réorganisation des locaux, la documentation*

1. *Mémoires pour un cinquantenaire 1946-1996*, édité par l'Association des anciens élèves du CFJ, pp. 137 à 141.

ne peut plus faire office de salle de travail».[1] Quatre mois plus tard, il s'agit désormais d'une *«fermeture provisoire afin de constituer une documentation répondant aux besoins»*[2]. Les besoins sont, il faut croire, minimes puisqu'un sixième du rez-de-chaussée y pourvoit. Mais au printemps 2001, les dossiers de presse sont envoyés au premier sous-sol, impossible de les compulser. Et l'été voit un nouveau progrès : le bureau des deux employés rétrécit de moitié. On les colle dans un coin. Derrière un pilier.

C'est tout un service qui est aujourd'hui placardisé. Et l'aventure régressive ne devrait pas s'arrêter là : *«Conserver des quotidiens pendant un mois, c'est déjà un bras de fer. La semaine dernière, la directrice annonce : "Ils ne sont pas beaux, ces casiers, ils prennent de l'espace... A quoi ça sert de garder ces journaux?" Un collègue lui a dit que vous les consultiez. "Pffff... elle a fait. Ils peuvent très bien regarder ça sur Internet."»*

Cet autodafé inavoué s'explique, certes, par des difficultés économiques. Après un dépôt de bilan et une liquidation judiciaire, l'école devait réduire les coûts. En personnel, en matériel, mais aussi en location. Le 33, rue du Louvre fut vidé et la bibliothèque, au septième étage du 35, disparut dans la bataille.

---

1. CFJ-*Notre journal*, n° 49, octobre 1999.
2. CFJ-*Notre journal*, n° 50, février 2000.

Symbole d'une nouvelle orientation, elle fut remplacée par *« la direction générale, les ressources humaines, la gestion-comptabilité et la toute nouvelle rédaction en chef du site Web du* CFPJ *»*[1]...

Ce souci d'épargne, légitime pour *« sauver la maison »*, tourne vite à l'économisme pur. Oubliés la culture, l'humanisme, les valeurs, qui cèdent la place à un discours de rentabilité : *« La directrice a demandé, presque agressive : "Mais ça nous coûte, la doc ! Quand est-ce que ça va nous rapporter ?" »*

Seule mission encore confiée aux archivistes : la collecte de cas pratiques pour le Centre d'information sur les médias. Une activité dirigée vers la com, et donc à but strictement lucratif. *« Quand les gens d'Air France viennent, il faut trouver un cas de communication autour d'une crise. Notre rôle, c'est de constituer des dossiers sur les entreprises. »*

Ces motifs financiers ne doivent pas masquer les choix pédagogiques (économistes, eux aussi). Dès lors qu'on se borne à *« l'apprentissage d'une nouvelle écriture, avec des accroches, des chutes, tout ça »* (Samuel), *« les ouvrages aidant à la compréhension d'une époque, d'un événement et, bien entendu, à tout ce qui touche à l'information »*[2] deviennent superflus.

A quoi bon la richesse du fonds, lorsqu'on ne travaille que la forme ?

---

1. CFJ-*Notre journal*, n° 50, février 2000.
2. *Mémoires pour un cinquantenaire 1946-1996*, *op. cit.*

BIBLIOTHÈQUE
PAS ASSEZ PEOPLE !
ALBERT LONDRES

« J'ai complètement arrêté de lire », confie Isabelle. Et bien d'autres à sa suite. Pour quelles raisons? Un facteur matériel l'explique : arrivant de province, beaucoup tardent à s'inscrire à la médiathèque de leur arrondissement. Les bibliothèques universitaires, quant à elles, nous sont fermées. Et fréquenter une librairie, pour des étudiants payant déjà études et loyer, mieux vaut éviter.

S'y ajoutent des causes moins visibles. La paresse, d'abord : à exécuter des tâches simples, on perd le sens de l'effort et on se complaît dans cette indolence. *« Je ne lis pas tellement. Je végète un peu dans ma vie. Je ne me sens pas tellement concernée. Je me dis juste : bon, encore un an à tirer. Des gens trouvent ça parfait : "C'est très bien, on ne va rien glander et on aura le diplôme dans un an", mais j'ai du mal à me mettre dans cette idée. »* (Laure.)

Le découpage du temps, ensuite, ne facilite pas la lecture. Règne au CFJ un véritable papillonnage : dix minutes à survoler des bulletins AFP, un quart d'heure à tapoter sur un clavier, vingt minutes à bavarder devant la machine à café... *« J'ai l'impression de ne faire que du petit boulot. Des brèves, des mini-articles... Je ne lis plus du tout, je ne suis même plus capable de lire un bouquin en entier. On n'a plus l'habitude de se concentrer sur un truc long. »* (Anabelle.)

A quoi bon lire, enfin, quand la lecture est contre-productive? Quand l'ignorance garantit, semble-t-il, la promotion sociale ? Quand s'adapter à la réalité du métier passe par l'abdication du sens critique ?

« Je lis, faut pas déconner. C'est une question de survie. » (Benoît.) Moi aussi, j'ai continué à lire comme on s'appuie sur une béquille, pour ne pas trop s'avachir. Jamais autant qu'au CFJ je n'ai éprouvé la lecture comme un acte de résistance. Sans risques physiques, certes. Mais comme un patient refus face à une école qui programme votre asphyxie cérébrale. Ce qui me vaudra cette sentence : *« Avec toi, on a tout de suite vu que quelque chose n'allait pas. Tu apportais toujours un bouquin aux réunions. »*

L'éthique en toc

« Des ménages, il n'y a pas de honte à en faire. C'est beaucoup mieux payé, c'est beaucoup moins long que le journalisme. Simplement, il ne faut pas y associer l'école, sinon son image va se dégrader... »

Le président de la junior entreprise.

« Bienvenue dans cette école de la liberté et du courage, dans cette école née de la Résistance, fondée à la Libération par Philippe Viannay et Jacques Richet... J'espère que vous saurez vous montrer dignes de ce lieu qui reste ancré sur des valeurs citoyennes : l'éthique, la déontologie, la démocratie. Philippe Viannay répétait d'ailleurs... » C'est la rentrée. La directrice du CFPJ en profite pour nous servir son couplet, inlassable chansonnette qu'elle serine en toute occasion. En réunion, dans ses interviews, dans ses éditoriaux : *« Liberté... Résistance... Démocratie... Démocratie... Résistance... Liberté... »* On s'en amuse entre étudiants, tant le disque est rayé.

Pourquoi une pareille insistance ? Pour mieux dissimuler l'évidence. Cette dirigeante en revient au mythe des origines résistantes, dans ce CFJ qui ne résiste plus contre rien, qui a renoncé à toute révolte et collabore gaiement avec la pub, les actionnaires, les banquiers. Elle invoque à tire-larigot les glorieux ancêtres (une salle de cours, des rencontres, un tournoi de foot portent leur nom) et (se) cache combien elle les a reniés, obsédée par son résultat d'exploitation, gagnée à l'économisme ambiant. Elle orne ses harangues de liberté, de courage, de démocratie, masquant le vide spirituel du Centre, d'où sortent des techniciens de valeur mais sans valeurs. *« Le rappel des origines est évidemment d'autant plus nécessaire qu'on s'en éloigne. »* [1]

Ce plaidoyer achevé, la directrice cède le micro pour la « leçon » inaugurale. En cette parodie du Collège de France, c'est *« le frère Lescure qui prêche un retour à la stricte observance de la règle »* [2]. Si le président de Canal+ et du Groupe CFPJ venait dévoiler les ficelles de sa (provisoire) réussite industrielle, parfait : il a l'expérience pour, lui qui excelle dans les montages capitalistiques – avec des reniements, des complicités achetées, des amis trahis, etc. [3] Fi de ces manœuvres d'arrière-boutique. Au CFJ, aujourd'hui, c'est de morale, de liberté, d'autonomie qu'il s'agit. Et notre saint patron de prôner la *« rigueur informative »*, le *« dépouillement éditorial »*, l'*« ascèse rédactionnelle »*. Contre cette hypocrisie, aucune voix ne s'élève. Pas un ricanement. Au contraire :

---

1. Alain Garrigou, *Les Elites contre la République*, *op. cit.*, p. 195.
2. *CFJ-Notre journal*, n° 49, octobre 1999.
3. Lire Jacques Buob et Pascal Mérigeau, *L'Aventure vraie de Canal+*, Fayard, 2001. Le résumé des frasques lescuriennes, parcours emblématique d'un journaliste passé de l'info-divertissement au monde des affaires, se trouve dans notre glossaire en fin d'ouvrage.

aussitôt ce sermon terminé, *« les novices attentifs l'ont longuement applaudi »* [1]. Et le non-débat sera clos.

L'argent et ses hommes de main l'emportent sur tous les tableaux : matériellement, en rachetant journaux, télés, radios, écoles… spirituellement, aussi, puisque les marchands du temple – le patron de RTL, ou de *Courrier international*, ou de *Ouest France* – sont intronisés grands prêtres et délivrent, du haut de leur chaire, des conseils de probité. Les mêmes qui reviendront, plus tard dans l'année, nous faire partager les joies de la rentabilité… Décidément, *« les discours moralistes ne [sont] que l'indispensable complément du pur cynisme »* [2].

Autre rite de passage, ce premier matin : *« Un journaliste digne de ce nom prend la responsabilité de tous ses écrits, tient la calomnie, les accusations sans preuve, l'altération des documents, la déformation des faits, le mensonge pour les plus graves fautes professionnelles… »* C'est notre *Charte de déontologie*. Qu'on signe en trente secondes. Simple formalité administrative, entre le versement des droits d'inscription et la fiche à remplir pour sa carte d'étudiant. Ce texte, nous le survolons à la va-vite. Y a la queue. Les autres pressent. Nous paraphons donc la feuille sans trop penser, comme on le ferait pour un recommandé. De toute façon, c'est obligatoire.

Ce document, pourtant, aurait mérité qu'on en discute. Qu'on le confronte au réel. Y est inscrit, par exemple, qu'un

1. *CFJ-Notre journal*, n° 49, octobre 1999.
2. Yves Roucaute, *Splendeurs et misères des journalistes*, Calmann-Lévy, 1991, p. 257.

journaliste *« ne touche pas d'argent dans un service public ou une entreprise privée où sa qualité de journaliste, ses influences, ses relations, sont susceptibles d'être exploitées »*. Nobles intentions. Mais dans la profession, les plus illustres marchandent leur célébrité auprès des banques, de France-Télécom, de l'industrie pharmaceutique. A l'intérieur même du CFJ, le président de la junior entreprise déclarera : *« Des ménages, il n'y a pas de honte à en faire. C'est beaucoup mieux payé, c'est beaucoup moins long que le journalisme. Simplement, il ne faut pas y associer l'école sinon son image va se dégrader. »* Et de placarder, au vu de tous, des offres de piges pour la Caisse des dépôts et consignations (la transcription de leurs séminaires pour un journal interne) et les Aéroports de Paris (un magazine diffusé autour de Roissy, démontrant aux habitants les bienfaits de l'aéronautique)... Notre responsable, plein de bon sens, apaisera nos angoisses existentielles : *« La charte, bon, il ne faut pas y accorder trop d'importance. C'est une déclaration de principe. Après, chacun s'arrange comme il peut. »*

A défaut d'une réflexion inquiète, constante, sur notre métier, l'école manie les symboles. L'année est ponctuée de cérémonies, à l'instar des *« rencontres Viannay-Richet »* (où l'on retrouve Pierre Lescure, *« soucieux de prendre du recul, d'exercer sur nous-mêmes une liberté critique, etc. »*). Au menu de cette « journée éthique » : *« les chances et risques du Web »*. Un sujet qui ne fut pas choisi. Comme l'annonça un chroniqueur du *Monde*, il s'est naturellement imposé : *« Il est normal de commencer notre réflexion par les nouveaux médias. Ça peut paraître tarte à la crème, mais il est évident qu'Internet va bouleverser la communication.* »

Le Net faisait diversion[1]. Quand le devoir d'information est-il le plus trahi ? Lorsque « *des quotidiens dérapent par deux fois, relayant des rumeurs du Web sans recouper leurs sources* », comme le décrivit un intervenant ? Ou lorsque Canal+, lancé pour « *donner la parole à toutes les associations qui le souhaitent* » pour diffuser « *des séries éducatives grand public* », pour se « *tourner davantage vers des retransmissions et des problèmes de culture* »[2] voit grimper son cours en bourse grâce aux films X et aux matchs de foot ? Lorsque la même chaîne, de son propre aveu, délaisse le citoyen et s'« *adresse en priorité au consommateur d'images* », ne laissant à l'information qu'une place dérisoire… ou traitée par la dérision ? Et que reste-t-il de « *l'esprit de liberté, de résistance, d'indépendance* » lorsque Canal+, poursuivant une stratégie financière, s'allie puis est ravalé par la Générale des eaux… qui apparaît au fil des affaires comme le premier corrupteur du pays ? Les revigorants *Guignols* suffisent-ils à racheter tout ça ?

Ces questions, connues mais essentielles, le Centre ne peut plus les poser ouvertement : sa survie, le CFJ la doit à la générosité des grands médias, Canal+ en tête, mais aussi TF1, France 2, *Le Parisien*, *Le Monde*, etc. Nous voilà

---

1. Comme le note Jean-Pierre Tailleur : « *Plutôt que de s'intéresser au manque d'ambition éditoriale dans des pans essentiels de la presse citoyenne, on se focalise sur des thèmes moins dérangeants, comme les nouvelles technologies.* » In *Bévues de presse*, Editions du Félin, 2002, p. 127.
2. Le « Rapport Dahan » (1984), cité par Yves Roucaute, *ibid.*, p. 257.

condamnés, dès lors, à une comédie. A des simulacres de critique.

Ces causeries déontologiques ne valent, somme toute, que comme prétexte. L'occasion de rassembler du beau monde. *« Citons, pêle-mêle : Bernard Stasi, médiateur de la République, André Azoulay, conseiller auprès du roi du Maroc, Dominique Alduy, directrice générale du* Monde, *Jacqueline Aglietta, présidente-directrice générale de Médiamétrie. Et puis Bernard Pivot, François de Closets, Michel Schifres, directeur de la rédaction du* Figaro, *Denis Brulet, directeur de l'information de l'AFP, Jean-François Bizot, président-directeur général de Novapress... »*[1] Le carnet mondain s'étale sur trois colonnes, suivi du récit de cette petite sauterie où *« on se salue, on se retrouve, on raconte ce que l'on devient, on promet de se revoir bientôt »*, avec des *« buffets prévus pour trois cents personnes nettoyés en une heure »*. Une façon de tisser *« des liens avec les entreprises, de sensibiliser les dirigeants au sort de l'école et au vôtre »* (responsable Internet). Pendant la morale, les affaires continuent…

Surtout, l'éthique, c'est un créneau qui rapporte. *« Il est tout de même incroyable de voir que 50 % des sondés ne trouvent pas leurs médias crédibles !* pestait la directrice du Groupe CFPJ. *Il existe pourtant des principes, une charte de déontologie ! »*[2] Défendant sa crémerie, elle apporte une solution clés en main : *« Je pense que le meilleur moyen de devenir*

1. CFJ-*Notre journal*, n° 49, octobre 1999.
2. *Le Vrai Papier journal*, mars 2001.

CHARTE DU JOURNALISME
CARESSER DANS LE SENS DU POIL
BOUFFER À TOUS LES RATELIERS
CIRER LES POMPES
BAISSER SON FROC
RETOURNER SA VESTE
RENVOYER L'ASCENSEUR
LÉCHER LE CUL
FAIRE LE GROS DOS
J'AURAI PAS TROP DE 2 ANS POUR ASSIMILER TOUT ÇA...
FAUJOUR

exigeant, c'est encore de passer par une bonne formation. [...] Philippe Viannay, le fondateur du Centre disait : "Lorsqu'un journaliste affirme, critique ou approuve, son acte doit être revêtu, pour celui qui le lit, l'entend ou le voit, du sceau de l'indépendance d'esprit." » Pour occuper ce secteur, le Centre organise donc quelques grands-messes un peu voyantes dont on assure la promotion *intra* et *extra-muros*.

Ces liturgies servent de caution à l'école. Elles soulagent les participants, la conscience tranquillisée d'avoir assisté à ces mises en scène déontologiques comme on fait pénitence. Elles marquent d'un sceau virginal les donateurs du Centre. Pour tous, un profit moral. « *C'est quand les entreprises, le marché, l'argent et les affaires gouvernent sans partage qu'ils ont le plus besoin de se découvrir une âme.* »[1]

Cette quête d'une vertu qui ne nuit pas au chiffre d'affaires s'acheva, logiquement, au Centre de Sèvres... le siège parisien des jésuites. Quatre mercredis de suite, un ecclésiastique,

---

1. Jacques Bouveresse, *Schmock ou le triomphe du journalisme*, collection *Liber*, Le Seuil, 2001.

Une tribune parue dans *Le Figaro* le 5 septembre 2002, cosignée par les dirigeants du groupe, offre un panel complet de ces arguments publicitaires. D'abord, le passé glorieux : « *Philippe Viannay et Jacques Richet, deux jeunes résistants, fondent en 1946 le* CFJ, *puis en 1970 le* CPJ, *pour offrir aux journalistes un enseignement aux techniques et une éducation aux valeurs.* » Ensuite, le rappel de la morale : « *Erreurs, intox, rumeurs, tentatives de manipulation se trouvent mêlées au torrent quotidien de l'actualité. C'est pourquoi nous avons et nous aurons, demain plus que jamais, besoin de professionnels de l'information exercés aux techniques de pointe et formés à l'éthique du journalisme.* » Enfin, on passe la sébile : « *Le* CFPJ, *institution indépendante au service du journalisme et des médias, ne peut se pérenniser sans le soutien financier de la profession.* »

un ex-rédacteur en chef du *Monde*, le président du Bureau de la vérification publicitaire, un philosophe jésuite se complurent dans « *une interrogation sur le bien et le mal* », sur « *la justice, l'honneur, le respect* », sur « *les risques de voyeurisme et de scandale* », sur « *l'exigence de mémoire et la signification du silence* ». Et de conclure, saisis par un doute vertigineux : « *La vérité est-elle plus grande, plus claire ?* » Pareilles abstractions, on le devine, ne menacent guère l'ordre médiatique.

Clou du séminaire, « *un grand monsieur* », « *un journaliste au comportement irréprochable* » : Pierre-Luc Séguillon, ancien responsable du service politique de TF 1 et de La Cinq, aujourd'hui rédacteur en chef de LCI. Le même qui reçut des sommes en liquide de Pierre Botton, le gendre de Michel Noir, maire de Lyon, candidat à la présidentielle en 1988 et chouchou de la Une[1]. Le même qui multiplie les ménages « *à un tarif raisonnable (50 000 francs la prestation) qu'il compense par une intense activité* » : parmi ses « *références entreprises récentes, [...] la Direction générale de l'armement, Europlace, le conseil général d'Ile-de-France, Michelin* »[2]. Bref, un maître qui nous fit « *partager son savoir-faire éthique* ».

Face à lui (qui continuait de prôner un « *respect de la morale du métier* » et « *une hiérarchie de l'information au nom de ce qu'on pense qui va intéresser l'opinion* »), j'évoquai

1. Pour les liens entre Pierre Botton et Pierre-Luc Séguillon, *cf. Libération*, 25 février 2002 ; entre la première chaîne et Michel Noir, *cf.* Christophe Nick et Pierre Péan, *TF 1, un pouvoir*, Fayard, 1997.
2. *Capital*, octobre 2001.

une scène ordinaire de l'école. Celle – citée précédemment – où l'un de nos formateurs, lui aussi cadre de LCI, avait repoussé un reportage sur le commerce équitable, nous orientant vers cette question métaphysique : quels sont les apéritifs favoris des Français ? Un *« réflexe aprofessionnel »* s'insurgèrent nos docteurs ès déontologie : *« Ça démontre un manque absolu d'éthique. Ne me dites pas le nom de cette personne... »*

Ce comportement me semblait, à l'inverse, très professionnel : grâce à son pragmatisme, cet ancien étudiant du CFJ s'est intégré au groupe Bouygues, a réussi *« en très peu de temps à gravir les échelons »*, jusqu'à *« se retrouver rédacteur en chef adjoint »* [1] de la première chaîne du câble, imposant à ses jeunes recrues des sujets qui intéressent l'opinion et qui satisfont une direction éprise de rentabilité. Mais raisonner ainsi, c'était toucher à un fondement du système : l'emprise de l'Audimat. Mieux valait, à tout prendre, inculper un individu...

Tel est le discours dominant au CFJ. *« A forte teneur subjectiviste. »* Qui *« exalte la responsabilité et l'indépendance des journalistes, quitte à stigmatiser les "dérapages" et les "dérives" de quelques "brebis galeuses" comme il y en a partout »* [2].

Une thèse que reprend Roland Cayrol, pape de l'opinion, abonné des plateaux télé, membre de notre conseil

1. Août 2001, sur un forum Internet.

2. Alain Accardo, *Journalistes au quotidien*, *op. cit.*, p. 27.

d'administration et donc habilité à nous offrir une série de « leçons » qui pourfendent *« nos défaillances ponctuelles »*[1] : *« Il faut mettre fin à un certain nombre de fautes professionnelles. C'est le seul moyen pour que soit rétablie la confiance avec les lecteurs. »* Ainsi condamne-t-on un certain nombre de fautes plutôt que de s'attacher à la pratique, routinière, admise, des médias. Ainsi en appelle-t-on à l'éthique plutôt que d'étudier nos conditions de production : *« Les règles du marché, la productivité du travail, le rendement économique de l'information, l'organisation rationalisée »*[2]. Ainsi stigmatise-t-on des individus plutôt que d'analyser la structure.

Nos cas de conscience relèvent de la même dialectique : mettre en lumière un dysfonctionnement pour mieux légitimer le fonctionnement. *« Il faut que vous trouviez une situation où un journaliste s'est demandé : "Est-ce qu'on doit ou non passer ce reportage ?" "Est-ce que les images ne sont pas truquées ?" Ou alors, une fois où il y a eu conflit dans une rédaction. »* (Notre responsable.) Soit. Mais ces cas de conscience ou ces conflits ne surviennent qu'à titre d'exception. *« Des anomalies. »* Et nous laissons de côté les habitudes, les mille et un reportages où le journaliste ne se demande rien. Nous étaient suggérés, par exemple, l'interview truquée de Fidel Castro, le charnier de Timisoara, un reportage bidonné sur le trafic d'armes en banlieue, la jeune Omayra engloutie par la boue en direct sur TF 1… Autant de

1. CFJ-*Notre journal*, n° 56, janvier 2002.
2. Christophe Nick et Pierre Péan, *op. cit.*, p. 496.

défaillances ponctuelles, qui éclipsent la permanence de notre pratique – présupposée bonne.

Gage que nous marcherons médiatiquement droit : les sociologues sont tenus hors du Centre. Jamais invités, jamais cités. Ni Alain Accardo, ni Pierre Rimbert, ni Eric Macé, ni Patrick Champagne, ni Erik Neveu. *« On a manifestement peur que la mise à distance sociologique n'entrave la capacité à trouver un emploi. L'adhésion aux mythes fait ainsi partie des qualités professionnelles indispensables. »* [1] Le seul chercheur toléré, un quart d'heure par an : Cyril Lemieux. Justement un apôtre de la responsabilité individuelle, marginal dans sa discipline. Un porteur de bonne parole déontologique, qui *« concède d'abord l'existence des principes régulateurs de la modernité organisée, pour montrer ensuite les cas précis où ils n'ont pas fonctionné »* [2]. Un dessein qui s'accorde pleinement avec notre idéologie.

Toute critique un peu plus radicale est violemment rejetée, ressentie comme un crime de lèse-corporation : *« Pour inciter les journalistes à amender leur éthique,* je commentais sur une copie, *Roland Cayrol insiste, sondages à l'appui, sur le désaveu de l'opinion... ceci, auprès d'une profession déjà obsédée par l'audience ! Plutôt qu'à s'y plier, ne vaudrait-il pas mieux que nos futurs reporters apprennent à résister à l'opinion ? »* Ce que le directeur annota d'un sarcastique *« C'est une question de cours ? »* Non, malheureusement, ça ne l'était

1. Jacques Le Bohec, *op. cit.*, p. 154.
2. Cyril Lemieux, *op. cit.*, p. 100.

pas. Plus loin, j'ajoutais en *nota bene* : « *D'autres contradictions sont perceptibles dans son discours, par exemple demander aux journalistes d'améliorer leur éthique alors que celle-ci dépend essentiellement, comme il l'admet, des conditions économiques d'exercice du métier...* » Réaction immédiate de l'éminent correcteur : « *!!! Je rêve...* » La ligne blanche venait d'être franchie. Et d'ajouter : « *Il y a du boulot !* » Voilà qui dissuade de penser hors des sentiers déontologiques battus.

L'éthique fonctionne donc bien comme un garde-fou. Non de la pratique, mais d'une pensée tenue en laisse. Elle protège le système en produisant des débats en trompe-l'œil sur de faux problèmes, tandis que n'est jamais questionné l'essentiel : la construction des événements, l'usage du fil AFP, la dictature de l'audience, le mercantilisme des médias. Elle impose un cadre moral d'où notre réflexion sur le journalisme ne doit pas déborder, classant hors sujet les analyses sociologiques, historiques ou politiques. Trop subversives. Moins disposées aux conciliations hypocrites.

Un virus

Georgina Dufoix, l'ex-ministre des Affaires sociales, s'était déplacée au CFJ pour se plaindre de son lynchage médiatique. Une amie de notre directeur. Avec elle, avant le procès du sang contaminé, après son fameux *«Responsable mais pas coupable»*, il avait *«étudié le dossier à fond»*. Et s'était alarmé, au passage, *«des bourdes dans la presse, quotidiennes, par dizaines»* : notes de service bidon, dates approximatives, affirmations erronées, contresens absurdes, boucs émissaires lapidés, accusations infondées. Tous les médias passèrent à la casserole, citations à l'appui : *L'Humanité, Le Figaro, L'Express,* TF1, Antenne 2, *Le Parisien, France-Soir, Libération...*

De cette dissection minutieuse, lui tira une leçon de déontologie : *«Je vous le redis : attention! Attention, quand vous écrivez, vous avez un devoir d'exactitude. Ne l'oubliez pas. Recoupez vos sources. Vérifiez sur les documents. Soyez ri-gou-reux. En tant que jeunes journalistes sortant de cette école, j'espère que vous donnerez l'exemple.»*

Un vibrant appel à la responsabilité individuelle. Qui me semblait un peu court : quand toute une profession se trompe, collectivement, s'en tenir à la négligence des rédacteurs et en appeler à leur bonne volonté ne suffit plus. C'est au-delà des personnes, pensais-je, qu'il fallait chercher les causes. Et les éventuels remèdes.

Dans sa thèse consacrée au sang contaminé, Dominique Marchetti, sociologue, dresse le même constat, accablant, que notre directeur (*« des statistiques grossies »*, des *« confusions sur le sang chauffé »*, des *« amalgames entre les hémophiles [...] et les personnes transfusées »*[1], etc.). Sauf que, pour lui, ces erreurs chroniques résultent d'abord de *« la structure du champ »* et de son fonctionnement :

1. L'ignorance des généralistes. Tant que les rubricards médecine traitent le dossier, nulle dérive : ils connaissent grosso modo leur rayon. Mais dès que ce thème se transforme en événement, les spécialistes cèdent la patate chaude aux reporters généralistes. Qui sont *« dépourvus de compétences spécifiques sur le scandale du sang »*[2]. Leurs bévues découlent, tout simplement, d'une *« méconnaissance du sujet »*, d'une *« ignorance partielle ou totale du problème des contaminations »*[3].

2. Circulation circulaire. Ces journalistes *« les plus généralistes ou les plus politiques (éditorialistes) ont tendance, bien plus que les journalistes médicaux, à avoir comme source d'information principale les autres médias. Finalement, ils ne connaissent bien souvent "l'affaire" qu'à travers ce qu'en ont dit les confrères.*

1. Dominique Marchetti, *op. cit.*, p. 245.
2. *Ibid*, p. 456.
3. *Ibid*, p. 246.

C'est d'ailleurs ce qui explique que les erreurs des uns sont reprises par les autres, [...] ce cercle de reprises engendrant des effets de vérité indiscutables».[1]

3. Maintenir l'audience. Bien plus que les rubricards, les généralistes ont *«fortement incorporé la logique économique»*, sont *«les plus enclins à "en rajouter", à adopter l'interprétation la plus proche de ce qu'ils pensent que "leur public" a envie d'entendre»*[2]. D'où le langage de ces journalistes, fait de *«simplification»*, de pseudo-révélations, de *«dramatisation par l'usage des chiffres»*.

Un réflexe flagrant chez les présentateurs, radio ou télé, dont le *«lancement est parfois en décalage avec le contenu du reportage»* : eux réduisent tout à du suspense, de la nouveauté, des exclusivités, des rebondissements garants de l'Audimat.

Un discours évident, également, chez les éditorialistes qui, *«lors des débats, tranchent facilement des problèmes scientifiques complexes, déterminent les responsabilités»* avec une assurance proportionnelle à leur incompétence. Sans compter les formules chocs : *«Tchernobyl politique»* pour l'un, *«Tchernobyl épidémique»* pour le suivant...

Mais ce penchant est présent, aussi, *«dans les médias les plus proches du pôle "intellectuel" comme au* Monde. *L'exemple d'un titre du quotidien sur deux colonnes à la une, intitulé "400 000 personnes auraient été contami-*

---

1. *Ibid*, p. 249.
2. *Ibid*, p. 249.

nées par du sang infecté", est révélateur de cette forme de sensationnalisme qui tend à se propager à l'ensemble du champ journalistique. L'information [...] reposait sur une simple note (très contestée par des spécialistes)». Par ailleurs, *«le quotidien ne précise pas de quelle contamination il s'agit»* : en l'occurrence, moins le SIDA que l'hépatite *«dont la gravité est sans commune mesure»*[1]. D'où un titre dramatisant, et donc vendeur.

Le CFJ forme, justement, pour ce profil de généralistes. Issus de Sciences-Po ou de filières littéraires, nous ne possédons aucun savoir spécifique, juste une vague culture générale. Pendant nos deux années au Centre, nous ne consultons aucun rapport, aucun ouvrage, aucune revue spécialisée : l'AFP et ses déclinaisons (LCI, France-Info, les quotidiens) rassasient notre curiosité. Nous sommes encadrés, non par des spécialistes mais par des présentateurs ou des généralistes, eux-mêmes anciens de l'école, qui ont intégré les contraintes économiques et nous rappellent à l'ordre, constamment, au nom du lecteur ou du public.

Ces dispositions s'inscrivent dans nos habitudes, dans notre mode de pensée. Si elles en deviennent dangereuses, c'est avant tout parce que nous n'en sommes pas conscients. Et parce que nous croyons écarter le danger par une noble incantation de la responsabilité individuelle et de la bonne volonté.

1. *Ibid*, p. 451.

Le nerf des médias

« Essayez d'imaginer un magazine en fonction du marché publicitaire. Il faut monter un business plan. Avoir un concept. Analyser la concurrence. "Je vais taper là parce qu'il y a un créneau", c'est la base du raisonnement. »

Ancien directeur de *La Tribune*,
chargé du cours « gestion des médias ».

Les rédacteurs en chef de *Paris-Match*, de *La Croix*, de LCI, de France 2, du *Parisien*. Le président du CSA. Les PDG de Canal+, RTL, *Ouest-France*. Les anciens rédacteurs en chef de *Libération*, du *Figaro*, de *France-Soir*, du *Monde*. Les directeurs du *Monde*, de *Télérama*, de *L'Express*, de TF 1, de *La Croix*, de *Paris-Match*, de *Courrier international*, de *L'Equipe.fr*... Au CFJ, c'est une tournée permanente. Un chassé-croisé de responsables, peu enclins, on s'en doute, à prôner la rébellion, eux qui ont trouvé une place, confortable et bien payée, dans la presse comme elle se fait. Au pinacle du quatrième pouvoir.

Ce soir-là, c'était au tour de Laurent Joffrin. Sa présentation passée, un élève critiqua le numéro « spécial Maroc » de son hebdomadaire, *Le Nouvel Observateur*. Qui effleurait à peine la situation sociale, mais célébrait à longueur de pages la splendeur des villas et la magnificence des hôtels. *« C'est l'une de nos meilleures ventes cette année*, répliqua le directeur de la rédaction. *Et puis, moi, j'aime bien. C'est drôle, c'est marrant, c'est parisien... Oh, le pauvre immigré, le pauvre chômeur, ça on l'a déjà fait dix fois ! [...] C'est vrai, on fait une sorte de* Gala *pour riches. Il faudrait trouver une cause à défendre. »* Difficile à trouver dans un monde aussi parfait que le nôtre. Où trois cent cinquante-huit fortunés se partagent 45 % des richesses...

Juste un membre parmi d'autres de cette caste dirigeante intégrée aux sphères économiques. Le prototype de ces journalistes-managers qui possèdent un pied-à-terre au 35, rue du Louvre, toujours bienvenus pour une visite : leur parole ne remet pas en cause le système, elle le justifie.

« On explique les désirs des lecteurs, comme à la direction d'Evian et de Danone les désirs des consommateurs. » Cette dictature du lectorat, nous la mettions déjà en pratique. Mais voici que, invité au CFJ, le directeur de l'institut Ipsos la théorise. Et un rédacteur en chef adjoint du *Parisien* confirme : *« On s'intéresse d'abord aux lecteurs : de quoi veulent-ils qu'on parle ? De quoi parlent-ils avec leurs amis ? C'est ça qui doit faire la une du lendemain. »* Tonalité identique chez un cadre du groupe Prisma : *« On met dans le journal ce que le lecteur souhaite avoir. »*

Les témoignages d'*« une époque qui, avec l'aide des journaux, est en train de transformer l'être humain en un simple consommateur »*[1]. On ne s'adresse pas à un citoyen

1. Jacques Bouveresse, *op. cit.*, p. 57

mais à une clientèle. On ne vise pas sa conscience, mais son porte-monnaie. Sans oublier, cependant, *« que le papier est un produit qui se vend deux fois : d'abord aux annonceurs, ensuite aux acheteurs. »* (Cadre du groupe *La Vie catholique.*)

C'est bien ainsi que l'ex-directeur de *La Tribune* nous enseigne à *« lancer de nouveaux produits éditoriaux »* : *« Essayez d'imaginer un magazine en fonction du marché publicitaire. Il faut monter un business plan. Avoir un concept. Analyser la concurrence. "Je vais taper là parce qu'il y a un créneau", c'est la base du raisonnement. Ensuite, définir le rythme de parution : "On peut gagner plus et plus vite avec un hebdo qui marche qu'avec un mensuel." Il faut définir un nombre de consommateurs pour ce produit. Pour notre mag de football, par exemple, on prend le public cible : ce sera les joueurs, les supporters, etc. Enfin, on fixe un prix. Et puis après, on met un costume cravate et on va voir les financiers. »* Avant de conclure : *« L'argent est le nerf des médias. »* Sûrement. Mais de moyens, il s'est transformé en fin.

« La part de marché des politiques, des médias, des soft-drinks, c'est pareil. » « Le seul critère, c'est le résultat, l'audience ou la vente. » « Mon patron déclarait : "Je suis un lessivier de la presse et je le revendique." » « Nous ne vendons pas des produits, nous vendons des audiences. » « On est dans l'univers de l'information, donc de la marchandise. » « Tous les titres chez nous doivent être rentables, à hauteur de 10 à 15 %. » « Dans les médias, on est dans la même logique que le PDG *de Procter. » «* Le Monde *est une marque, et une marque très forte. »*

Un florilège, recueilli au hasard de notre séminaire «les médias dans leur environnement». Thème unique : l'argent. A sens unique : l'argent fait le bonheur des journalistes. Sa lente invasion de la presse? Une fatalité bienfaisante, et aucun intervenant n'incite à la lutte. Pas même à la méfiance. Au contraire, tous s'en réjouissent avec une belle unanimité. Pour le directeur d'Ipsos, *«on prend les produits politiques comme des produits de consommation. C'est le seul moyen, à travers les médias, de revitaliser la démocratie.»* Un cadre dirigeant de TF 1 : *«La liberté du journaliste passe par la bonne gestion, par la rentabilité maximale de l'entreprise. Il n'y a pas de vraie liberté sans cette rigueur de gestionnaire.»* Une ex-responsable de la publicité au *Monde* : *«La France est un peu sous-développée sur le plan publicitaire, et c'est dommage. J'espère qu'elle va rattraper son retard, c'est la seule garantie réelle, profonde, d'une presse indépendante.»*

Une rengaine. Une semaine durant. A raison de six heures par jour. A chanter les louanges du capital, garant de la démocratie, de la liberté, de l'indépendance. Et pas la moindre objection, ni de nos enseignants ni de notre directeur. Pas le moindre espace, pas la moindre invitation à un contestataire de cet ordre marchand. Modeste étude lexicographique : en cinq jours, j'ai relevé trente et une scansions de «rentabilité». Contre trois citations du mot «enquête».

Découvrir le point de vue du sommet, c'est une chance. Surtout lorsque les masques tombent, sous prétexte qu'*«on est entre nous»*, que *«ça reste en famille»*, qu'*«on peut tout se dire»*, lorsque le négoce des news cesse de se camoufler

TF1
VOTRE DEA
DE LETTRES
ON S'EN BRANLE..!!!
ON CHERCHE
DES GENS QUI
FONT DU CHIFFRE!
- FAUJOUR -

« sous le manteau de la culture, de l'esprit, de la vertu et de la sagesse »[1]. Un dévoilement éclairant.

Seul hic : ces patrons détiennent, au CFJ, le monopole du discours sur le journalisme. Jamais l'école n'accueille un syndicaliste. Jamais on n'écoute les ex-reporters qui, par dépit, par dégoût, par lassitude, ont quitté le métier. Jamais on ne rencontre des vieux de la base, pas forcément animés par la soif de vendre. Jamais on ne nous propose d'autres modèles que ces bourgeois satisfaits du monde comme il va et des médias comme ils se font.

Car c'est bien d'un modèle qu'il s'agit. A notre tour de grimper dans la hiérarchie des grands journaux. A nous, étudiants d'élite dans une école d'élite, de bientôt ressembler à ces cadres. A nous d'adopter ce langage, sur fond de coups marketing, de rentabilité, de parts d'audience. Que l'on se débarrasse de nos pudeurs, que l'on accepte ces nécessités, et l'envol de notre carrière sera bientôt assuré.

Cette ascension, l'école l'envisage déjà : *« On m'a demandé de vous préparer pour le jour où vous serez en charge du budget d'une rédaction. Ce que je vous souhaite, évidemment. »* C'est ainsi que l'ancien directeur de *L'Expansion* introduit son séminaire « gestion des médias ». *« Comment diriger et animer une équipe de rédaction ? On doit aborder cette question ensemble pour le jour où vous aurez à encadrer des confrères. »* C'est avec ce miel, également, qu'un responsable Internet nous attire dans sa filière : *« Il y a très peu de journalistes, pour l'instant, sur le Web.*

1. Jacques Bouveresse, *op. cit.*, p. 118.

Avec votre diplôme, c'est une chance d'intégrer très vite les équipes de management.»[1] Un intervenant enfoncera le clou : *«En sortant de cette école, vous pouvez écrire des articles dans la presse, mais c'est pas révolutionnaire. Ou alors, vous pouvez devenir manager et gérer un projet. Et là, il reste des segments du marché à investir.»*

Un ancien directeur des études le déclarait sans ambages : *«Les élèves pourraient être encore mieux sensibilisés aux réalités des entreprises de presse de façon à accéder rapidement à des postes à responsabilité.»*[2] L'école a, depuis, fait de louables progrès. Et en janvier 2003, la boucle était bouclée : *«Pour répondre aux enjeux de demain, le Groupe CFPJ vient de créer CFPJ-Management, un pôle de formation au management des médias en partenariat avec HEC.»*[3]

---

1. Conseil d'autant plus cocasse que, durant cette année, les «sites de presse» dégraissaient un à un : Libération.fr, Transfert, etc. Simplement, pour nous pousser vers sa spécialité – menacée dans l'école –, ce responsable devançait nos motivations supposées. L'inverse se produisit : se tournèrent vers la filière Internet six élèves – dont moi – las de la presse comme elle se fait, renonçant à l'idée d'une carrière, davantage soucieux d'expériences inédites et fragiles. Un peu la poubelle de l'école.
2. *CFJ-Notre journal*, n° 32, avril 1994.
3. *La Lettre du Groupe CFPJ*, n° 8, janvier 2003. Une formation qui surclassera, espère-t-on, le *«master spécialisé médias»* de l'ESCP (l'Ecole supérieure de commerce de Paris). Ses objectifs? *«Le master spécialisé doit former des cadres polyvalents qui seront les dirigeants des entreprises en constante mutation des médias du XXIe siècle.»* Dans le comité de parrainage, on retrouve une flopée de PDG, dont des interlocuteurs du CFJ : Jérôme Clément (Arte), Jean-Marie Cavada (Radio-France), Laurent Joffrin (*Nouvel Obs*), Pierre Lescure (Canal+), etc. Les cours comprennent l'enseignement des *«techniques journalistiques»*, ainsi que des *«techniques de gestion appliquées aux médias»*. Voilà qui doit combler notre directrice : la convergence *«entre journalisme et esprit d'entreprise»* qu'elle appelle de ses vœux avance bon train.

Gagner ces charmants sommets hiérarchiques requiert peu de talent. Seulement une adhésion au système, pleine et entière. Pour encadrer ces OS de l'info, l'industrie médiatique réclame des hommes sûrs, des contremaîtres sincères pour assurer une production conforme au plus bas coût. Dans ses rangs, le contre-pouvoir ne tolère pas la dissidence. Et encore moins parmi son élite « managériale », chargée de maintenir la doxa[1].

Tous les porteurs de doute sont donc bannis du Centre. A commencer par les chercheurs : pas un historien pour narrer les métamorphoses de *Libé*, la privatisation de TF 1, le glissement de l'info vers la finance. Pas un sémiologue pour déconstruire nos événements d'un jour. Pas un linguiste pour percer à nu notre objectivité.

Ces intellectuels risqueraient d'introduire une distance critique. Alors que l'école s'efforce, à l'inverse, de nous incorporer une croyance. *« Tout faire tenir dans les deux premières lignes, ça doit devenir un réflexe. » « Dès le matin, parcourez les quotidiens, survolez l'actualité. C'est un réflexe à acquérir... » « Jeter un coup d'œil à l'AFP toutes les demi-heures, c'est un bon réflexe... »* A une réflexion toujours périlleuse (le retour sur soi pourrait tourner à la remise en cause), les enseignants préfèrent le rudimentaire

1. Au *Courrier picard*, le SNJ dénonce ainsi *« les méthodes de notre hiérarchie, qui favorise l'avancement des journalistes les plus dociles, voire les moins compétents, au détriment des journalistes qui osent écrire les vérités qui dérangent les notables. Surtout lorsque ceux-ci sont de gros annonceurs publicitaires »*. Tract interne daté du 29 juin 2002.

réflexe. Qui s'arrête à la moelle épinière. Qui s'inscrit dans le corps et ne s'efface plus. Qui rend tout inné, instinctif, machinal...

« Je me souviens avoir eu un entretien avec un directeur des programmes, raconte Pierre Bourdieu. *Il vivait dans l'évidence totale. Je lui demandais : "Pourquoi mettez-vous ceci en premier et cela en second ?" Et il répondait : "C'est évident." Et c'est sans doute pour cette raison qu'il occupait la place où il était. »* [1]

Il est évident qu'il faut suivre l'actualité... il est évident qu'il faut produire vite... il est évident qu'il faut attirer le public... il est évident qu'il faut annoncer le tiercé, la météo, la Bourse... et c'est d'autant plus évident qu'on ne se penche jamais sur ces évidences. Guère questionné, ce mode de production apparaît naturel. Sans causes, qu'elles soient historiques ou économiques. Et donc difficile à contester au nom d'un avant (ignoré), d'un ailleurs (inconnu) ou d'un autrement (informulé).

Nos interlocuteurs, eux avant nous, eux mieux que nous, ont assimilé cette vulgate. Et la récitent sans se forcer. En guise de réflexions sur notre métier, juste une apologie du marché et un vague moralisme. Comme ils ne s'interrogent pas ou peu (ni sur la circulation circulaire de l'information, ni sur la concentration des médias, ni sur la dictature de l'Audimat, ni sur rien), on les interroge. Et leurs réponses se révèlent alors d'une candeur déroutante.

---

1. Pierre Bourdieu, *Sur la télévision*, Editions Liber, 1996, p. 27.

NOTRE ÉQUIPE RÉDACTIONNELLE SE COMPOSE DE 70 ANNONCEURS 30 COMMERCIAUX ET 5 JOURNALISTES...
METRO
FAUJOUR

Face au rédacteur en chef de LCI, je pointais le format des reportages, citant un journaliste spécialisé : « *Avant, on pouvait voir des deux minutes trente, des trois minutes trente, des quatre minutes et même des cinq minutes quand ça le justifiait. Et puis, à partir de 1985, on a dit : non, non, deux minutes trente maxi, d'abord trois minutes puis deux minutes trente. Et puis alors, dans les derniers temps avant que je parte, on disait une minute trente, maxi une minute quarante-cinq.* »[1] Cette « *progression* », notre dirigeant la jugea « *naturelle* » : « *On fait des sujets deux fois plus courts parce qu'on a deux fois plus d'événements qu'il y a vingt ans. Aujourd'hui, grâce aux moyens techniques, on a une abondance d'infos.* » Tout est pour le mieux dans la meilleure des presses possible.

« *Ils nous présentent le métier*, commentait Adrien sur un forum Internet. *Et quel métier. Des requins. On était loin de l'info. On était dans le business pur. [...] Quand vous le faites remarquer, [l'ex-rédacteur en chef du* Monde*] vous répond avec condescendance, sur le ton du : "Moi j'ai vécu, je sais de quoi je parle, faites-moi confiance. Vous êtes encore jeunes mes pauvres amis, enlevez-vous vos illusions de la tête, que voulez-vous, c'est comme ça."* »

C'est comme ça. C'est naturel. C'est tant mieux. Nous sont servies, constamment, des leçons d'acceptation pour convertir les étudiants aux charmes de l'argent roi. « *Ce n'est plus de guerre, et même pas non plus de paix armée, mais de compréhension réciproque et de collaboration féconde qu'il*

1. Dominique Marchetti, *op. cit.*, p. 459.

est question désormais entre les représentants de l'esprit et ceux des affaires.»[1] Cette logique économiste ne séduit personne ou presque. Ne convainc pas davantage. On s'engage simplement sur ce chemin par facilité, par opportunisme, à défaut d'autres routes…

«C'est comme ça. Il n'y a plus rien à faire.»[2] Le fatalisme l'emporte. Comme s'il n'existait pas d'autre camp à rejoindre. Comme si la bataille autour de la presse, de sa mission, était achevée ou n'avait jamais eu lieu. Comme si nous étions parvenus à une fin de l'histoire du journalisme, dont on ne nous rappelle d'ailleurs pas le passé. Comme si les gentils employeurs avaient triomphé, et que seule leur manière de voir demeurait valide : *«Pour ces hommes forts, le journal n'était qu'une boutique.»*[3]

C'est comme ça. Une tautologie qui traduit bien, enfin, notre enfermement mental : la pratique renvoie à la pratique et nous enserre dans son cercle *naturel*. Comme le résumera magiquement notre responsable : *«L'actualité, c'est l'actualité. Un événement, c'est un événement. Le journalisme, c'est le journalisme. Voilà pour la théorie. Maintenant, on passe à l'action.»* Rien à décrire. Rien à étudier. Rien à penser.

Quel est le rôle du journaliste ? La question n'est jamais posée, car elle ne se pose pas : il est là pour s'adapter à la demande du marché. Quel est le rôle du CFJ ? Ne pas s'inter-

1. Jacques Bouveresse, *op. cit.*, p. 15.
2. Serge Halimi, *Les Nouveaux Chiens de garde*, Editions Liber, 1997, p. 59.
3. Honoré de Balzac, *Les Illusions perdues*, Classiques Garnier, p. 426.

roger, c'est déjà répondre : il est là pour s'adapter aux besoins des entreprises.

Les rares discours, loin de nous libérer, redoublent cette fermeture : la seule parole légitime est la parole qui légitime. Celle des cadres aliénés, portant en eux des murs qu'ils n'aperçoivent plus. Chez eux, aucune réflexion. Chez nous, aucun recul. Jamais un regard extérieur et libre, hors du système, pour nous ouvrir des horizons. Reste aux insatisfaits à s'enfuir seul. Par la pensée critique, qui reste *« une échappée du sujet, une voie de salut devant l'ipséité du réel »*[1].

1. Patrick Declerck, *Les Naufragés. Avec les clochards de Paris*, collection *Terre humaine*, Plon, 2001, p. 205.

Une classe

Parmi nous, aucun enfant de manœuvre, de cheminot, de caissière. Ni Black ni Beur des « zones de non-droit ». Juste une Algérienne... fille de diplomate. Juste un fils d'ouvrier égaré qui assure une mixité *a minima*.

Un cloisonnement social que renforce encore la claustration : nous vivons entre nous. Nous discutons avec les patrons de presse et autres cadres. Nous ne sortons guère de notre immeuble, encore moins de notre milieu : en deux années, pas une fois je n'ai parlé avec un manœuvre, un cheminot ou une caissière.

On se recroqueville, de fait, sur notre confortable maison. Sauf pour des micro-trottoirs, dans un rayon de 300 m autour de l'école. Sauf, aussi, pour des excursions dans la savane française.

Etrange idée, en effet, que cette expédition à Outreau, dans le *« quartier de l'horreur »*[1] pédophile. Des rues comme les autres. Des tours comme ailleurs. Des HLM ni mieux ni pires que partout. Avant le départ, pourtant, une intervenante du *Nouvel Observateur* (ancienne du CFJ) nous avait dressé un sinistre tableau : *« Ça puait la soupe aux choux, le pipi de chat, vraiment le quart-monde. »* Et un homme du *Monde* (ancien du CFJ) renchérissait : *« Y avait des obèses, des*

1. *Libération*, 11 janvier 2002.

à qui il manquait des dents, on ne comprenait rien à ce qu'ils disaient...» Un banal racisme de classe : goûts culinaires, corps grossiers, accent vulgaire, tout y passe.

Cette image dégradante, on la retrouvait, sous d'autres plumes, dans leurs journaux respectifs : *«Sur le palier décrépi du troisième étage, Yann, trente ans, se tient à côté d'une porte qu'il vient de défoncer à coups de pied. Ses lunettes, cassées, ne tiennent plus que par un morceau de ruban adhésif. Son haleine empeste l'alcool»* tandis que *«sa jeune compagne, en pleurs, [a] le visage rougi, enlaidi par une incisive manquante.»*[1] Voilà qui fleure bon la vocation manquée d'ethnographe, ou les réminiscences de Zola. *«Monter les marches qui mènent vers les appartements [...], c'est pénétrer dans un autre univers. [...] On entend tout, on sent tout au travers des minces parois des portes palières. Ici, on cuisine un chou au son criard d'une télévision. Là, un couple se dispute violemment. Plus haut, les décibels d'une sono poussée à fond font trembler sols et plafonds.»*[2] Joli plantage de décor, qui informe moins sur ce *«Nord, terre de viols»*, que sur l'énoncia-

1. *Le Monde*, 12 janvier 2002.

2. *Le Nouvel Observateur*, 24 janvier 2002. Lors de l'affaire Villemin, le même hebdomadaire dissertait sur ces *«paysans pervertis passés trop vite de la forêt au quart-monde industriel»*. Et Laurence Lacour notait que, là aussi, *«s'abat sur le couple une sorte de racisme social. Visiblement, une classe se penche avec mépris sur une autre », in Le Bûcher des innocents, op. cit.*, p. 408. A ce racisme de classe s'ajoute une condescendance de Paris pour la province – les Vosges ou le Nord.

trice, ses origines, son parcours (ainsi que sur sa publication et son public supposé) : pour elle, grimper les marches d'une HLM, *«c'est pénétrer dans un autre univers»*.

Une intuition que confirme Ignacio Ramonet, rédacteur en chef du *Monde diplomatique* : *«Les journalistes vivent dans un univers qui fait que quand ils vont dans certaines banlieues, c'est plus exotique que lorsqu'ils vont à Bagdad.»*[1] De son côté, un chercheur note que, emblème du lecteur moyen, *«Madame Michu exercera volontiers la profession de concierge, au service de l'entretien des immeubles bourgeois, seule figure du peuple avec laquelle les journalistes dominants ont une petite chance de dialoguer en passant (avec les chauffeurs de taxi).»*[2]

Librement choisies, nos enquêtes témoignent de cet embourgeoisement : les vins AOC, les soutiens à Chevènement, les usages du cannabis, la folie d'Internet, la transsexualité, on a marchandé sur la Lune, les moto-crottes, etc. Des thèmes de pur divertissement/diversion, choisis par une jeunesse un brin esthète, en phase avec l'actualité de son époque et en quête d'originalité.

1. Ignacio Ramonet, *Les Cahiers du journalisme*, n° 4, 1998, p. 145. Les universitaires, sociologues notamment, ne sont pas davantage à l'abri de ces présupposés. Reste qu'ils ont le temps pour, parfois, dans les meilleurs des cas, remettre en cause leurs *a priori* – tandis qu'il existe, dans le journalisme, une prime au cliché.

2. Jacques Le Bohec, *op. cit.*, p. 210.

Sous nos plumes, nulle remise en cause de l'ordre – scolaire, financier, judiciaire – établi... qui nous a, il est vrai, jusqu'ici bien servi. A tel point que des élèves se tâtent : *« Sur quoi je pourrais bien enquêter ? Vraiment, je n'ai aucune idée. »* (Marc.) Cette interrogation traduit un profond accord au monde. Car en vingt minutes de conversation avec, par exemple, une mère célibataire, les questions affluent : pression du crédit, absence de crèche, rôles confiés aux Contrats emploi solidarité, revenus exigés des offices HLM, discipline dans les foyers pour femmes, etc. Mais cette mère célibataire, on ne la rencontre pas. Et c'est encore moins notre mère...

Qui se ressemble s'assemble. Naturellement, on se tourne vers nos semblables, bien élevés et bien nés : *« Je cherchais quelqu'un qui avait plus de trois mois de chômage,* raconte une étudiante. *J'en discute, et une copine m'a dit qu'elle avait une copine à Lyon, de Sup de Co Reims, une prestigieuse école de commerce. [...] La fille qu'on va voir est un peu du même milieu. C'est plus facile d'aller la voir elle que d'aller interviewer quelqu'un qu'on ne connaît pas du tout et qui est très différent de ce qu'on est. [...] C'est bien d'avoir cette fille, chômeuse diplômée et proche de nous. »*[1]

« Dans le temps, se souvient Richard Harwood, du *Washington Post, nous ne décrivions pas l'existence des gens ordinaires : nous en faisions partie. Nous*

1. Ana Helena Rossi, *op. cit.*, p. 252.

vivions dans les mêmes quartiers. Les reporters se percevaient comme membres de la classe ouvrière. [...] Et puis, des gens plus instruits sont devenus journalistes ; le salaire a augmenté ; des jeunes toujours mieux formés ont voulu intégrer la profession. [...] Leur vie quotidienne les rend effectivement beaucoup plus sensibles aux problèmes des privilégiés qu'au sort des travailleurs payés au salaire minimum. »[1]

A la sortie du CFJ, nous produirons sans nous forcer ce journalisme de classe. Passés par Sciences-Po, nous fréquenterons nos ex-condisciples, devenus des sommités de la finance, de la publicité, de l'industrie – ou leurs porte-serviette. Et l'on en ressortira avec cette ovation : *« Vive la crise ! »* Un hourra poussé par *Libération* en 1984, à l'heure où la sidérurgie, les mines et le textile se « restructuraient », où le chômage franchissait le cap des deux millions. Un *« Vive la crise ! »* qui symbolise bien ce fossé entre les journalistes et les gens ordinaires : si Laurent Joffrin avait habité dans une ville ouvrière, plutôt que de camper dans les ministères, s'il avait déjeuné à la cantine des usines, plutôt que de voyager en classe « affaires » pour la Californie, on doute que cet ancien élève du CFJ aurait lancé son cri jovial avec la même ingénuité.

1. Cité *in* Serge Halimi, *op. cit.*, p. 65.

MOI SI
ON ME FORCE
À ÉCRIRE
CE QUE JE
VEUX...
JE FAIS
JOUER MA
CLAUSE DE
CONSCIENCE...

Modèle unique

« Vous n'êtes pas là pour vous épanouir. Ça serait un très mauvais service à vous rendre de vous épanouir. Parce qu'après, quand vous travaillerez dans les boîtes, il faudra bien vous résigner, après. »

Le responsable des première année.

Ce témoignage, je ne l'écris au nom d'aucun *journalisme véritable*, dont j'ignore la recette. Au contraire : des tribulations chinoises de Simon Leys aux affaires sorties par *Le Canard enchaîné*, des travestissements de Günter Wallraff à la rage pamphlétaire de François Cavanna, des archives utilisées par Pierre Péan au Jean Teulé qui chiale et rit avec sa *Darling*, c'est à une *variété de journalismes* que j'aspire.

Mais cette diversité, le Centre la proscrit. Lui nous enserre dans un carcan normatif, et s'en vante : *« Dans la profession, il y a un certain nombre de journaux ou de journalistes qui ne sont pas dans la ligne, on dira. Mais ici, on va vous demander de suivre la ligne, si on peut dire, de rester dans la norme »*, avertissait notre responsable. Avant de s'irriter, une semaine plus tard, excédé par nos *« déviances »* : *« Eh bien, oui, oui, il y a un moule* CFJ *et il faudra bien vous y couler. »*

LCI-*Le Parisien*-France Info. Voilà notre horizon. Bien balisé. Et jamais on ne s'aventure vers une *terra incognita*, ou moins connue, de l'information. Jamais on ne reçoit ni Pierre Carles, ni Serge Halimi, ni Daniel Mermet, ni Denis Robert, ni aucun de ces professionnels atypiques[1]. Jamais ne sont évoqués ni Jules Vallès, ni Jean Jaurès, ni John Steinbeck, ni aucun de ces grands noms qui ont *«porté la plume dans la plaie»* et pour qui témoigner relevait de l'engagement moral.

Ainsi nous élève-t-on dans la reproduction permanente de l'existant. Sans voir ce qui pourrait exister, ou ce qui a existé, ou ce qui existe en marge. Des expériences *anormales* qui ne méritent guère d'attention : seulement de la *« condescendance »*[2].

« Tu sais, je peux venir un soir à 18 heures et leur expliquer comment on réalise un sujet pour Strip-Tease. » Juste une suggestion, bénévole et naïve, d'une monteuse de

1. Serge Halimi a donné une conférence au CFJ, mais c'était lors d'une journée de grève et à l'invitation d'une poignée d'étudiants. Par ailleurs, Pierre Péan s'est également déplacé – non à la demande de l'école, pour parler de journalisme, mais à celle d'un enseignant d'histoire pour dresser le portrait des «vichysto-résistants» façon François Mitterrand. Enfin, un réalisateur fut invité lors d'un séminaire d'histoire des religions qui rassemblait quinze élèves. Les trois exceptions qui confirment la règle.

2. Sentiment revendiqué par le directeur dans son droit de réponse à *Technikart*. Au passage, pourquoi une telle morgue? Parce que ce magazine complaît au consumérisme branché des bobos du canal Saint-Martin et de Navarre? Non. La qualité importait peu. C'est sa (trop faible) quantité qui justifiait pareille condescendance : *« La publication de ce jugement par* Technikart *(diffusion OJD de 36377 exemplaires mensuels) ne pouvait nous chagriner que modérément : la reprise de votre prose par* Le Nouvel Observateur *du 11 janvier 2001 (diffusion OJD de 487 695 exemplaires chaque semaine) lui donne une tout autre dimension.»* Seul compte le verdict du marché.

France 3 à notre chef JRI. Ce cadre de TF 1 pouffa : « *Tu plaisantes, j'espère ? Ils sont dans une école de journalisme. Ils font du sérieux.* »

Même arrogance chez le directeur : « *On n'est pas là pour faire ce type de presse.* » Non, il n'inviterait pas ce « consultant » qui, de Marseille à Strasbourg, lançait des périodiques locaux et ravageurs. « *On manque déjà de temps, alors inutile d'en gaspiller avec ce genre de choses. Et souviens-toi que, maintenant, tu appartiens à une grande école.* » Une grande école « *qui prépare pour la grande presse* » à grand tirage. Et qui affiche son mépris pour les petits.

Convoqué dans son bureau, un autre matin, je lui apportai un exemplaire de mon canard amiénois. Par sympathie. Pour détendre le climat. Essuyant mes critiques sur l'école, sur la pédagogie, sur le manque d'ouverture, il rétorqua : « *On n'est pas ici pour apprendre à faire ça.* » Un *ça* un peu dédaigneux, alors qu'il n'avait jamais ouvert nos pages. Alors que *Le Monde* s'intéresserait à ce « *journal poil à gratter* ». Alors que *Le Monde diplomatique* nous qualifiait d'« *exemple de ce que devrait être la presse dissidente* ».

Mais *Le Diplo*, justement, ne soulève que des moues entendues et des sourires de connivence. « *Un journal gauchiste* », s'amuse notre responsable. Pire : « *intello* ». Qu'on s'oppose aux prises de position des éditoriaux, c'est légitime. Au-delà des opinions, pourtant, ce mensuel propose un autre journalisme : des articles souvent longs, écrits par des spécialistes, sur des pays lointains, sans lien immédiat avec l'actualité. Et la formule rencontre un relatif succès. Voilà qui mériterait un examen plus minutieux. Mais non. Car nous ne sommes pas là pour ça. Nous sommes là, seulement, pour nous plier au modèle médiatique dominant : l'actu au jour le jour, ou minute par minute.

Cette convergence vers le news rabougri, Laurence Serfaty, ancienne élève, la redoutait dès *« le rachat du CFJ par un consortium de grosses boîtes »*. Inquiétée par le discours des repreneurs, elle démissionne de l'association et adresse une lettre ouverte à ses camarades : *« Au risque de passer pour une (peu dangereuse !) crypto-trotsko-gaucho-cégéto-quelque-chose-en-iste, je ne crois pas que le but premier d'une école de journalisme soit de répondre aux besoins du marché et à lui seul. [...] Bien sûr, une école doit se soucier de l'avenir professionnel de ses élèves et s'assurer qu'elle ne fabrique pas des chômeurs. Mais si le seul objectif retenu consiste à façonner des bataillons de scribouillards bêtes et disciplinés, je trouve ça regrettable. »* [1]

Cette libelliste n'exerce ni à TF 1, ni à RTL, ni au *Monde* : elle tourne des documentaires. Une activité qui n'est pas étrangère, je crois, à sa réaction : elle se situe en marge d'une course à l'actualité avec l'audience en point de mire, elle ne dirige aucun service dans un groupe médiatico-industriel coté en Bourse ou réclamant ses 15 % de rentabilité. Cet économisme qu'elle combat – même en vain – dans son travail, pourquoi l'accepterait-elle dans son école ?

« Petit à petit, on forme des journalistes pour satisfaire des patrons qui ont un seul impératif : vendre des images. » Cette indigence des formations, c'est encore un documentariste qui

---

1. *CFJ-Notre journal*, n° 48, juin 1999.

la déplore dans *CFJ-Notre journal*. Et un confrère de renchérir : *« On n'apprend pas à réaliser un documentaire de quatre-vingt-dix minutes en trois jours. »* Mais qui projette encore de réaliser un documentaire de quatre-vingt-dix minutes ? Quel profit pour le patron, pour la chaîne, pour la société bienfaitrice du Groupe CFPJ ? D'ailleurs, malgré ces remarques iconoclastes, l'article conclut avec pragmatisme : *« Le JRI devrait encore offrir de nombreuses opportunités dans les années à venir. On le vérifiera sans doute dans quelques mois, lors du lancement de la chaîne info de Canal+. »* [1] Voilà le profil recherché : des producteurs de sons et d'images, à flux tendus, pour i-télévision ou LCI.

En deux années, jamais un réalisateur ne sera accueilli rue du Louvre. Jamais nous ne serons initiés, même vite fait, à l'art du docu. Jamais notre promotion ne visionnera, par exemple, l'un de ces films sur l'Afghanistan, le Kosovo ou la Bosnie. Adapté au marché de l'emploi, ce sont *« de brèves séquences d'une guerre à chaud dans les journaux télévisés »* que le CFJ nous prépare à fournir, *« des images d'action, d'émotion, d'horreur à même d'assouvir la soif de violence et de sang d'un public de voyeurs inavoués, mais incapables d'apporter le moindre commencement de début d'analyse d'une situation politique inextricable »* [2].

---

1. *CFJ-Notre journal*, n° 47, mai 1999.
2. Alain Woodrow, à propos du documentaire *Le Suicide d'une nation* – sur la guerre en Bosnie. Cette émission, les télévisions belge, suédoise, norvégienne, britannique, etc., l'ont diffusée à une heure de grande écoute. En France, relève l'auteur, *« les chaînes publiques n'étaient pas intéressées et les chaînes privées craignaient une baisse de l'Audimat »* (avant qu'Arte ne s'y colle). *Les Médias, quatrième pouvoir ou cinquième colonne ?*, Editions du Félin, 1996, p. 102.

LE JOURNALISME D'INVESTIGATION C'EST DUR MAIS AU MOINS TOUS LES MATINS JE PEUX ME REGARDER DANS LA GLACE...
- FAUJOUR -

Via nos pédagogues, le marché exerce sa tyrannie et l'on fait de nous ses esclaves, chargés de satisfaire ses attentes : toujours plus insipide et plus médiocre, vers un journalisme markétisé, routinisé, aèfepéisé, robotisé, vide d'humanité et de toute espérance. Comment oublier, si tôt, si vite, que dans la presse comme ailleurs, plus qu'ailleurs, rien de grand ne s'est fait par le marché, mais sans cesse malgré lui, passionnément contre lui ?

Si *Libération* est né, avant de capoter, de redémarrer, de re-capoter, de re-redémarrer, c'est *« exclusivement grâce à la ténacité de son équipe initiale »*, parce que des militants ont cru dans ce *« quotidien démocratique qui donnera la voix au peuple, aux ouvriers, aux grévistes, aux paysans »*, qui *« ne parlera plus de "révolution" avec des stéréotypes, des idées toutes faites, des affirmations triomphalistes, mais avec toute la force explosive que la parole représente quand l'imaginaire et le réel se fondent avec les mots »*. *« Allez-vous réussir ? »*, interrogeait Jacques Chancel. *« Que voulez-vous que j'en sache !* répondait Sartre. *Il faut le faire d'abord. »* [1]

Si *Le Canard enchaîné* a décollé, il ne le doit à aucun investisseur guidé par des sondages : *« Maréchal ne possédait que 10 000 francs. C'était peu. Mais il avait quelques amis. C'était beaucoup. Il met les premiers sur la table de sa salle à manger, fait asseoir les seconds tout autour et dit : "Je veux*

1. François-Marie Samuelson, *Il était une fois* Libé, Le Seuil, 1979, pp. 132, 140 et 159.

créer un canard." [Ses convives] trouvent l'idée intéressante et madame Maréchal apporte les plats.»[1]

Autre enfant du désir et de l'obstination, «Hara-Kiri, *"journal bête et méchant", c'est nous. Le journal fabuleux qu'on se faisait miroiter, yeux noyés, devant un demi panaché, pour nous consoler nous venger nous exciter la glande, aux heures de déprime, après avoir bien fait nos putes dans ces hebdos de merde pour qui on n'est jamais assez lourdingue, jamais assez rampant, jamais assez amant-en-caleçon-dans-l'armoire-à-glace, jamais assez con, jamais, en un mot, assez parisien... On l'a, notre journal, il est à nous, on y fait ce qu'on veut, absolument ce qu'on veut, pourvu que ce soit bon. Bon pour nous. C'est nous les juges.»*[2]

Il faudrait citer, encore, le cran d'un Michael Moore, tournant son jubilatoire *Roger et Moi* avec ses indemnités de licenciement. L'obstination de Gilles Balbastre, s'accrochant à son *Histoire du chômage* neuf ans durant, proposant son projet, essuyant un refus, revenant à la charge, nouvel échec, qu'à cela tienne... jusqu'à l'accord d'une boîte de prod [3]. L'abnégation de Dominique Lorentz, enquêtant sur les *Affaires atomiques* loin des RG et autres DST, voyant son

1. Jean Egen, *Messieurs du Canard*, Stock, 1981, p. 23.
2. François Cavanna, *Bête et méchant*, Belfond, 1981, p. 185.
3. Ce documentaire fut diffusé sur la Cinquième, un dimanche après-midi. Voilà un indice de l'anémie du débat, dans les médias en tout cas : alors que le chômage apparaît comme un mal, sinon *le* mal, de la société française, pas une chaîne, ni privée ni publique, n'a jugé bon de programmer cette «histoire»-là à 20 h 30. Ici encore, on préférera nous abreuver de petites phrases et de fausses mesures. Plutôt que d'une vraie interrogation.

projet accepté, puis son manuscrit refusé par Stock – *« propriété de Jean-Luc Lagardère, par ailleurs fabriquant de missiles nucléaires »* [1]. L'entêtement de Jocelyne Lemaire, réalisant *Paroles de bibes* en solitaire, quand Arte, Canal+, France Télévision jugeaient son film *« trop partisan »* : *« L'argument me fait bondir*, sursautait la cinéaste. *Quand les ouvriers s'expriment, c'est trop militant, et quand les patrons parlent, c'est de l'économie. »*

Se soumettre au marché ne réclame que paresse et inertie : la solution de facilité. D'une école, à l'inverse, j'attendais qu'elle exhorte à l'effort. Qu'à la loi de l'offre et de la demande, elle oppose l'exercice de notre volonté. Qu'elle rappelle les aventures, individuelles ou collectives, d'un contre-pouvoir qui ne s'est pas bâti sans sueur, sans risques, sans idées et qu'un mol ajustement aux besoins des entreprises mène, au mieux à l'anesthésie, au pire à l'asphyxie : *« Quand arrivent les trente-cinq ans, qu'on a deux enfants, une femme, dix semaines de congés payés et qu'on peut s'acheter une maison de campagne, on se dit qu'on ne va pas jouer les dons Quichottes toute sa vie. On est devenus des employés surpayés. On ne s'amuse plus. Mais on encaisse l'argent... »* [2]

« Mais c'est terrible ! me rebiffai-je candidement. *Dans cette école, on ne s'épanouit pas du tout. »* Réplique, amusée,

1. Dominique Lorentz, *Affaires atomiques*, les Arènes, 2001, p. 7 (note de l'éditeur, Laurent Beccaria, à propos de sa première publication, *Une Guerre*, les Arènes, 1997).

2. Pierre Péan et Christophe Nick, *op. cit.*, p. 504.

de notre responsable : *« Mais heureusement ! Vous n'êtes pas là pour vous épanouir. Ça serait un très mauvais service à vous rendre de vous épanouir. Parce que après, quand vous travaillerez dans les boîtes, il faudra bien vous résigner. »*

Le CFJ nous épargne de futures désillusions, évite à nos employeurs des conflits, des mutineries, des bouffées d'utopie. Car l'enthousiasme porte en lui une menace : que viendront-ils brûler, avec leur flamme et leur feu sacré ? Une espérance de changement. Mille fois déçue, c'est vrai, mais mille fois tentée. Et l'on retrouve au soir, dépressifs, alcooliques, les journalistes partis matin, liberté d'expression en bandoulière.

« A la fin, tu admets. La presse, c'est une industrie, on ne va pas la réinventer, on ne va pas prendre son pied là-dedans. » (Sébastien.) Que les jeunes entrent dans les rédactions déjà vaincus, quel progrès ! Les voilà prêts pour une éternité de micro-trottoir, eux qui ont renoncé d'avance. Les voilà ouverts aux publireportages, eux qui sont formés pour l'industrie. Les voilà mûrs pour des unes sur le sexe en été, le marché de l'immobilier, le palmarès des meilleurs lycées, le classement des grands vins français, eux qui ne nourrissent pas une trop haute idée de leur métier.

Que le CFJ tempère nos rêves de journalisme éthéré, affranchi du monde temporel et des contraintes économiques, c'est louable. Mais dans toute une promo, combien d'étudiants aspirent encore à changer (un peu) la presse, et le monde avec ? Combien nourrissent d'autres ambitions que de mener une carrière brillante, assurant une visibilité sociale, des revenus confortables et une villa en Provence ? Convient-il, dès leurs études, de ramener ces brebis utopistes égarées dans le troupeau des plumitifs dociles ?

« Quels sont vos références en matière de journalisme ? »[1] A cette question, les deux tiers des élèves rendent copie blanche. Ou répondent juste *Le Monde*, *Libération*, l'AFP, France Info. L'indice que, si la presse étouffe de conformisme, on peut accuser la publicité, les patrons, les actionnaires. Mais aussi, et plus profondément, les journalistes eux-mêmes, que n'anime plus aucune chimère.

Loin d'insuffler ces idéaux, le Centre les couvre de railleries : *« Ce que vous êtes naïfs !* s'irritera un enseignant. *Les médias, c'est une industrie. On vend du papier comme on vend des poireaux. »* Et Samuel note bien, chez les profs, *« une espèce d'ironie en permanence, tu vois cette posture clin d'œil, second degré : "Ah, on ne nous la fait pas" ; "Vous êtes encore idéalistes, vous avez des idées, mais les idées c'est comme tout, on les perd, et après vous allez être au top"... Ils ont vraiment fini par s'identifier à ça »*.

Ainsi piétine-t-on nos lambeaux de générosité, lorsqu'ils subsistent, fabriquant en série des Rubempré aux *Illusions perdues*, blasés avant nos premiers pas, marchands de phrases cyniques vivant du commerce des mots :

« Il sera journaliste, dit gravement Léon Giraud. Ah ! Lucien, si tu voulais l'être avec nous, qui allons publier un

1. Questionnaire rédigé avec Pierre Rimbert, sociologue à la Maison des sciences de l'homme.

journal où jamais ni la vérité ni la justice ne seront outragées, où nous répandrons les doctrines utiles à l'humanité, peut-être...

– Vous n'aurez pas un abonné, répliqua machiavéliquement Lucien en interrompant Léon.

– Ils en auront cinq cents qui en vaudront cinq cent mille, répondit Michel Chrestien.

– Il vous faudra bien des capitaux, reprit Lucien.

– Non, dit d'Arthez, mais du dévouement. »[1]

1. Honoré de Balzac, *op. cit.*, p. 375.

Un coup marketing

Tout s'était décidé sans nous. Le thème : *«L'événement de l'année, qui va passionner tout le monde à Paris, ce seront les élections.»* Le lieu : *«On va se concentrer sur le* XII*e*, *le* XIII*e*, *le* XIV*e*. *C'est là-bas qu'on va vous envoyer sur le terrain.»* Le style : *«On ne veut pas d'opinion, juste des faits, bruts, presque secs, rigoureux. Des articles avec des brèves, un peu à la manière du* Parisien.*»* Le titre : *«Il y a eu des fuites car on s'en est vanté, mais aujourd'hui je vous l'annonce officiellement. C'est nous qui allons faire revivre, pendant quinze jours, un journal de référence, celui d'Albert Camus et de Maurice Clavel :* Combat.*»* Un rire discret, contenu dans les écharpes, secoua l'assemblée : tant de prétention...

Pourquoi avoir choisi *Combat?* Ce titre qui fleure l'odeur de naphtaline? Ce nom va-t-en-guerre qui nous convient si peu, à nous, les consensuels du CFJ? *«Ça va nous donner une visibilité dans la profession»*, répondait le directeur. Ce qu'un stagiaire de HEC, en charge de *«l'opération»*, exprimait plus clairement : *«Pour les partenaires annonceurs et les relais de la promotion, c'est le meilleur titre. Les anciens du* CFJ *feront de la pub pour votre journal, aujourd'hui* PPDA *le présentera au 20 heures et c'est grâce à ça que votre action sera connue.»* Avec une *«stratégie de com pointue»* : *«Le premier numéro sera distribué auprès des neuf cent quatre-vingts anciens qui habitent Paris et nous allons faire une relance téléphonique auprès des cinquante anciens de la maison qui font des revues de presse.»*

Ces relais assurèrent notre visibilité dans la profession : du *Monde* à *France-Soir*, en passant par i-TV, TF 1, France Inter, Arte, *Libération*, France Culture, tous entonnèrent le refrain : «*Bonne nouvelle, la reparution du journal* Combat... » D'où «*un bilan globalement positif*», estime la direction : «*En moyenne, autour de mille exemplaires ont été achetés chaque jour en kiosque, c'est assez peu. Mais l'essentiel, c'est qu'au niveau promotion, ce soit une opération de communication et de prestige qui a très bien fonctionné pour l'école.*» Même son de cloche chez notre rédacteur en chef : «*Le premier objectif, c'était de faire parler de nous... Au-delà de la vente, au-delà de l'info, c'est positif, on est amenés à créer l'événement autour d'un produit.*»

De ce quotidien des municipales, le CFJ ne tira aucun profit direct. Au contraire. Dix mille exemplaires imprimés chaque matin, à peine mille vendus en kiosque : une mini-débâcle financière en vue si EDF, Accor, Vivendi, GlaxoWellcome, etc., n'avaient pas «*accompagné* Combat» avec d'amicales publicités. Malgré cette trésorerie dans le rouge, l'école tirait de cette expérience un profit d'image. Que le Groupe CFPJ convertirait bientôt en chèques «sonnants et trébuchants» : «Combat *a contribué à redorer notre blason,* se félicitera Danièle Granet, *et on vous le doit pour beaucoup.*

Peut-être est-ce grâce à ce regain de notoriété, mais la récolte de la taxe d'apprentissage s'est avérée excellente.»

Seuls trouble-fête, dans notre orgie de gloire facile, «*les vieux de* Combat». Les rescapés du plus grand mouvement de résistance dans la zone sud, qui protestèrent auprès du Centre. «*Du coup,* explique Myriam, *en échange, l'école a négocié : "On parlera de vous dans nos colonnes." Et c'est moi qui ai fait le reportage.*» Souvenirs tragiques à la clé : «*Le 17 juin 1944, l'imprimerie à Lyon est encerclée par la milice. Imprudence ou délation, on ne saura jamais. Un journaliste est abattu. "Je ne veux pas être pris vivant", souffle l'imprimeur à Marie Guezennec. Il se tire une balle dans la poitrine. Marie l'imite. La balle la blesse grièvement. Elle s'évadera de l'hôpital.*» Quant à Pierre Benelli, il témoigne simplement : «*Pour moi,* Combat, *c'est treize mois à Mauthausen.*» «*Le directeur a été surpris par les réactions négatives,* commente Myriam. *Il croyait qu'ils allaient s'en féliciter. "Le titre n'est pas dévalorisé mais il est utilisé", a jugé la fille de Berty Albrecht, une résistante antinazie.*»

Devant ma persistante consternation, le directeur me confiera : «*Je te signale que le fait que ce journal s'appelle* Combat *n'est pas étranger aux retombées médiatiques qu'on a.*» Ainsi le CFJ avait-il tout instrumentalisé : un titre et sa douloureuse histoire, ses anciens élèves relais de la promotion, ses élèves

LE B.A BA
DU MÉTIER :
CASER UN
SUJET DE 25000
SIGNES ENTRE
DEUX PUBS À
25000 BALLES...
LE NOUVEL
OBSERVATEUR
NO
SPÉCIAL
CHIRURGIE ESTHÉTIQUE

présents, petites mains obéissantes qui remplirent des pages pour attirer sur l'école des retombées médiatiques. Dix-huit mois plus tard, les dirigeants du groupe usaient encore, auprès des patrons de presse, de cet argument publicitaire : *« Le* CFJ *[...] retrouve sa créativité : le succès de la réédition du titre* Combat *pendant la campagne des élections municipales de mars 2001 en porte la trace. »*[1]

Cinquante années de presse, peut-être, en raccourci : d'un côté, des hommes et des femmes qui croient à la force des mots, qui les impriment avec courage, qui les diffusent en contrebande, luttant pour leur liberté, pour des idées, pour davantage de justice. De l'autre, de jeunes techniciens de l'écrit, dépourvus de valeurs, rédigeant un journal conformiste sans risque ni audace, marchands de papier qui créent l'événement autour d'un produit, comme on vend de l'eau minérale ou des yaourts.

1. Tribune parue dans *Le Figaro* (5 septembre 2002), cosignée par la directrice du Groupe CFPJ, l'administrateur délégué, le directeur du CFJ, le secrétaire du CPJ, et destinée à ramasser des capitaux.

III. LE CADRE :

OBÉIR

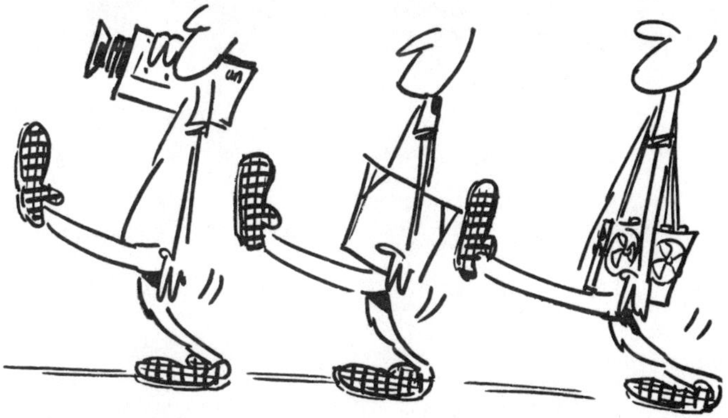

Comment doit se conduire
un petit soldat du journalisme ?
Clavier au garde à vous, stylo lustré,
calepin sur la couture du pantalon,
et silence dans les rangs.

Eloge de la détention

« Même dans les temps morts, flotte l'impression qu'il faut être présent. Que le journalisme, au CFJ, *c'est un peu comme l'armée. Après tout, on a signé pour en baver ! Et on aime ça, bande de passionnés que nous sommes... »*

Extrait de *CFJ-Notre journal.*

Octobre 2000, jour de rentrée : « *Votre seul jour chômé,* prévient le directeur, *c'est le 1er mai. Le reste de l'année, vous devez être à la disponibilité totale de l'école. Plus la peine d'organiser vos soirées ni de prévoir des week-ends en province, vous devez toujours rester sur le qui-vive. Le* CFJ *peut vous réclamer à tout moment.* » Le Centre prétend ainsi à une mainmise totale sur l'individu, sur son temps, voire sur sa vie privée.

Malgré le ton obséquieux propre aux bulletins internes (« *chapeau bas à Philippe Viannay et à ses successeurs : l'esprit de la maison est intact* », « *notre promo est riche de solides amitiés, construites au fil de pénibles bouclages* », « *le ciment qui nous soude : une passion commune, qui forge l'ambiance* », *etc.*), un article de *CFJ-Notre journal* décrit assez justement cette disponibilité totale réclamée par l'école. Sa rédactrice y narre ses deux ans au CFJ sous un titre qui, déjà, annonce la couleur : *« A temps plein et à plein temps »*.[1] Une redondance un peu gratuite mais qui a le mérite de l'insistance.

Pour l'étudiant, embraie le chapô, *« le 35, rue du Louvre est, au fil des semaines, week-ends et autres jours fériés (!) devenu sa "maison" »*. De quoi s'épargner d'exubérants loyers parisiens. *« Premier rituel, qui marque un élève au fer rouge : la revue de presse matinale, ou de l'art d'être efficace les yeux collés. Toute l'année se succèdent une demi-douzaine de vaillants lève-tôt, sur le pont dès 6 heures pour concocter un "savant"* digest *de l'actualité. »* Un exercice, cela va de soi, enrichissant et formateur : *« Esprit d'équipe, montée en régime et grosse fatigue garantis. Avec, au bout du compte, la satisfaction d'être enfin dans le concret. »*

« Comment ça, vous ne voulez pas bosser dimanche ! », s'étouffe le directeur, toujours cité par *CFJ-Notre journal*. Dont l'enquêtrice intervient aussitôt : *« Force est de reconnaître que ce rythme soutenu a ses qualités. L'apprentissage, si contraignant soit-il, balaie en deux ans le spectre immense des différentes fonctions, des différents métiers. »* Un mal nécessaire : il faut savoir souffrir pour être bon.

Une fois renoncé aux jours fériés, aux dimanches et aux petits matins, le verdict tombe, asséné par le directeur

---

1. *CFJ-Notre journal*, n° 54, avril 2001. Cette publication, éditée par l'association des anciens – et non directement par l'école – n'est pas à proprement parler un journal interne… même si elle en remplit la fonction : en quatre ans, depuis la reprise du CFJ par un groupe d'anciens, *Notre journal* n'a émis qu'une critique à l'égard de la direction du groupe. C'était au printemps 2002, à propos des frais d'inscription, seul sujet sur lequel l'association s'est opposée aux autres membres du conseil d'administration.

himself : « *Faites une croix sur vos sorties, sur votre vie privée, en somme.* » Un sacrifice de bon augure : « *Le parcours initiatique de l'apprenti reporter peut commencer* », s'enchante notre zélatrice.

Comme le note Alain Accardo, « *les membres de la profession sont soumis dans les écoles de journalisme à un apprentissage dominé par la croyance élitiste, définitive et indiscutée, que "le journalisme n'est pas un métier comme les autres" et que ceux qui l'exercent n'ont rien en commun avec de vulgaires salariés et autres "fonctionnaires" réputés pointilleux sur le respect des horaires.* »[1]

Ce dévouement, j'étais prêt à l'accepter, convaincu que le journalisme ne devrait pas être un métier comme les autres. J'y avais même consenti par avance : avant le CFJ, j'avais consacré quinze mois « *à temps plein et à plein temps* » pour créer mon canard, le maquetter, le vendre à la criée, etc. Et si j'entrais dans une gazette, ce n'était sûrement pas pour exiger une application scrupuleuse de la convention sur les 35 heures et mes quatorze semaines de congés payés.

Ce dévouement, pourtant, je ne l'ai pas accepté. Pourquoi ? Parce que le Centre fait le grand écart : d'un côté, il bat en brèche notre idéalisme, de l'autre il attend de nous abnégation et enthousiasme.

Le CFJ présente, en effet, à trop juste titre, la presse comme une industrie, somme de produits répondant à des

---

1. Alain Accardo, *Journalistes précaires*, *op. cit.*, p. 22. Ce sociologue enseigna à l'IUT de journalisme de Bordeaux.

segment du marché, marquetés pour satisfaire la demande des lecteurs. Les intervenants nous contraignent à une pratique machinale, quasi tayloriste. Quant à l'étudiant qui s'aventure hors de ces autoroutes de l'information, il est aussitôt corrigé, remis dans le droit chemin, et s'il aspire ouvertement à un autre journalisme où l'on réfléchirait avant d'écrire, où l'on échapperait aux clichés, voire où l'on défendrait des convictions, le voilà qualifié de rêveur, de naïf, d'utopiste, de romantique. Soit. C'est désespérant mais cohérent.

Au nom de quoi, dès lors, demander à ces OS du tertiaire de se dévouer, corps et âme, week-ends et soirées, à un travail dépourvu de créativité, à une profession engloutie par l'économisme et qui ne laisse comme liberté au rédacteur que le choix entre deux adjectifs ? L'école ressort à l'impromptu les mythes d'un rôle démocratique ou d'une fonction pédagogique, insistant sur ce métier pas comme les autres… qu'elle contribue pourtant à normaliser, à vider de toute espérance.

Cette tension, sans la formuler, les élèves l'éprouvent quotidiennement : *« On se lève à 5 heures pour la revue de presse, mais en quoi ça consiste ? A recopier* Le Figaro, Le Monde, Libération *et à coller nos feuilles sur les murs. »* (Laure.) *« En télé, on termine à 20 heures. Tout ça pour visionner nos séquences de daube ! »* (Marc.) Entre la médiocrité de nos tâches et la place centrale qu'on leur accorde dans nos vies, le décalage surprend.

Autre contradiction : le CFJ mobilise ses troupes mais pour ne rien faire. Ou si peu. *« Je me souviens, quand je suis passée à* France 2, *il y avait un vieux, il arrivait le matin, il vidait ses tiroirs, il triait tout devant lui, sur son bureau, et il rangeait ses affaires dans son armoire. C'était un vieux placardisé. Eh bien, moi, je me suis vue, pendant* Combat, *à faire pareil avec mon sac. Tu te rends compte, on commence à peine et on arrive déjà à une mentalité de vieux placardisé.* » (Sabine.)

Pour le quotidien des municipales à Paris, notre responsable s'était pourtant montré d'une infinie magnanimité : *« On va considérer que vous pouvez prendre un jour de congé par semaine.* » Restaient donc six journées à meubler : écoute de CD, bavardages, 3D-Tétris… avec une litanie de réunions pour rythmer la journée : *« 8 heures, première conférence de service,* note une doctorante en visite au CFJ. *9 heures, première conférence de rédaction. 10 heures, deuxième conférence de service. 14 heures, deuxième conférence de rédaction. 14 h 30, troisième conférence de service. 18 heures, troisième conférence de rédaction.* »[1] Hors de ces mornes assemblées, *« on reste ici du matin au soir, sans rien écrire. On se tourne les pouces. On envoie des e-mails ».* (Elise.)

Lors du debriefing, le directeur tira néanmoins *« un bilan tout à fait positif de cette expérience ».* Seul point noir : *« J'ai été désagréablement surpris par une ambiance RTT, 35 heures. Je m'attendais à plus d'exaltation... Il y en a certains, on les voyait de 9 heures à midi, de 14 heures à 18 heures, et ils s'éclipsaient. »*

1. Ana Helena Rossi, *op. cit.*, p. 177.

Cette inactivité agitée s'observe également dans la quotidienneté professionnelle. C'est ce qu'on découvre dans le journal d'un JRI de France 2-Lille : *« Dimanche 9 janvier. C. H. et moi-même sommes de permanence, mais il n'y a rien "d'intéressant" dans "l'actualité" de notre secteur.* » Gilles Balbastre ne tournera donc rien ce jour-là. Pas plus le lendemain : *« Lundi 10 janvier. La journée commence par la lecture des quotidiens régionaux puis nationaux. Ce lundi s'annonce calme... quelques coups de téléphone... il faut se tenir prêt à partir pour Valenciennes...* » Rien de produit, et pourtant il sera resté au bureau de 9 heures à 21 heures. *« Mercredi 12 janvier. [...] Nous téléphonons à différentes structures. [...] A 20 heures, le responsable de la FEN communique à C.H. les coordonnées d'une directrice d'école primaire. [...] Il "cale" un rendez-vous avec la directrice.* » A l'arrivée, après douze heures de « travail », une rencontre est fixée. *« Dimanche 16 janvier. Nous sommes de permanence toute la journée mais il ne se passe rien d'intéressant dans l'actualité... pour un journal télévisé.* » Bilan : zéro. *« Lundi 17 janvier. La journée s'annonce calme. Après l'écoute de la radio, après la lecture des journaux, après le dépouillement du courrier, nous ne voyons rien à proposer à Paris.* » Encore zéro. *« Mardi 18 janvier. La journée se déroule dans le train-train habituel.* »[1] Toujours zéro.

---

1. Gilles Balbastre, *Journal d'un JRI, in Journalistes au quotidien, op. cit.*, pp. 87 à 100. Tonalité similaire chez Laurence Lacour : *« Le 10 juin se termine comme le 9. Le soir, je note sur mon cahier : "Journée d'attente. Pour rien. Comme d'habitude." [...] Le soir au bar, la déception et le soulagement se mêlent sur nos visages de combattants du désert des Tartares.* » *Op. cit.*, p. 337.

ENCÉPHALOGRAMME
VOICI LA LIGNE ÉDITORIALE TYPE...

Nous voilà transformés en colonel Zangra guettant le front de l'actu, d'où l'événement viendra qui nous fera héros. En attendant ce jour, on s'ennuie quelquefois…

Qu'il s'agisse d'un dévouement à temps plein pour des temps vides, la prophète de *CFJ-Notre journal* ne le cache pas : «*Arrivent les heures creuses, l'attente, l'épluchage automatique des journaux étalés, qui forment sur les tables de la "106" un arc-en-ciel désordonné. Bleu* Parisien, *gris* Monde, *rouge* Libé, *rose* Figaro. *Mais même dans les temps morts, flotte l'impression qu'il faut être présent. Que le journalisme, au CFJ, c'est un peu comme l'armée. Après tout, on a signé pour en baver! Et on aime ça, bande de passionnés que nous sommes…*»

Rares sont les *happy few* qui, à l'instar de cette élue, se passionnent pour les heures creuses, les temps morts, l'épluchage automatique des journaux… Des mots qui évoquent davantage la salle d'attente d'un dentiste que la flamme du métier. Peu épris de lyrisme, tous les étudiants n'aperçoivent pas ce rouge, ce bleu, ce rose, cet arc-en-ciel désordonné dans la grisaille de l'ennui. Quant à l'impression qu'il faut être présent, elle ne flotte pas dans l'air léger. Elle n'est d'ailleurs pas une impression. C'est une obligation, imposée par la direction. Enfin, si cette légionnaire a signé pour en baver et si, masochiste, elle aime ça, ce n'est pas le cas de tout le monde : j'étais, à titre personnel, entré au Centre de formation des journalistes pour me former au journalisme, et non pour trouver un succédané de l'armée. «*C'est le syndrome de Stockholm,* commentera Myriam, amusée.

Ils l'ont enfermée pendant deux ans et elle a fini par aimer ses geôliers. » [1]

Geôliers, prison, garde à vue, cellule... dramatisant volontiers, les étudiants filent la métaphore carcérale. A cause du *« temps morcelé, temps imprévisible, mais aussi temps qu'on ne contrôle pas »* [2], qui fractionne *« la journée de telle façon qu'il est difficile de se consacrer à une tâche personnelle sans être interrompu »* [3]. Une perte d'autonomie que symbolise cet *« autre mystère pour l'entourage [...] : l'emploi du temps, rarement fixé à l'avance et ponctué de matinales, de dimanches, de longues soirées, scotchés à l'AFP »...*

A cause, aussi, de la pesanteur du vide, de ces après-midi entiers à fumer sur le palier, à noircir des grilles de mots fléchés, à comparer nos signes astrologiques... A cause de ces enseignants-pions *« qui quadrillent au plus près le temps, l'espace et les mouvements »* [4]. Une surveillance qu'illustre Maud : *« Soit on se met dans un coin pour qu'ils nous oublient, soit on simule l'activité. Mais si tu sors, ils te repèrent. Pendant* Combat, *moi, le soir, j'allais aux congrès, aux réunions politiques et eux me reprochaient mon absentéisme. Du coup, je suis restée ici, à surfer sur Internet. »*

---

1. Cet amour, ces élans passionnés n'étaient, par malheur, ni complètement sincères ni totalement désintéressés. La rédactrice de *CFJ-Notre journal* me confia que, bien sûr, elle s'était *« souvent bien emmerdée dans cette école »*. Mais bon, l'Association des anciens lui avait en partie payé son permis de conduire...
2. Anne-Marie Marchetti, *Perpétuités*, Plon, 2000, p. 35.
3. Claude Lucas, *Suerte*, collection *Terre humaine*, Plon, 1999, p. 457.
4. Michel Foucault, *op. cit.*, p. 161.

FRANCE 2
CNN

Au final, l'enfermement physique répond à la fermeture mentale. On s'échappe bien, parfois, à l'extérieur de notre immeuble, le temps d'un reportage vite bâclé. Mais c'est entre les murs de nos deux étages, entre les tables en Formica et les ascenseurs moquettés qu'on passe le gros de nos journées. C'est coupé du monde que se fait notre apprentissage du journalisme. Ce dont témoigne *CFJ-Notre journal*, avec son indélébile lyrisme : *« Tapotement constant sur les iMac bleus disposés en arc de cercle, courses poursuites à travers les étages, discussions animées autour d'un café serré, ponctuées de bruyants fous rires, projets d'articles, rêves futiles de vacances, un* Libé *solidement accroché à la main... Scènes de la vie ordinaire d'un étudiant du CFJ. »* Révélateur : parmi ces scènes de la vie ordinaire, pas une ne se déroule hors de l'école.

Cette claustration correspond, là encore, à une réalité : *« Dans les radios, le travail de studio prend le pas sur l'investigation sur le terrain, notamment grâce à la qualité technique des enregistrements de conversation téléphonique [...] ; à la télévision, les rédactions font appel à des images réalisées par d'autres »* [1] et, les agences de presse aidant, le journalisme devient plus « assis ». Un métier pour plantes d'intérieur.

A se peindre en prisonniers séquestrés par des matons cruels, on se donne le beau rôle : celui de la victime. Et l'on néglige l'essentiel, notre complicité. Une moitié aime sa

1. Jacques Le Bohec, *op. cit.*, p. 165.

prison cocon ? Une seconde la hait ? Qu'importe : nous restons tous.

Comment expliquer cette servitude volontaire ? Par la crainte, certes, de quitter une voie royale et stable pour les sables mouvants de la précarité. Par l'habitude, aussi, de la docilité, acquise en deux décennies d'une scolarité exemplaire. Par l'ambition, surtout, de rentrer dans les ordres médiatiques. De les intégrer comme vicaire mais d'en devenir évêque, cardinal qui sait, pape on n'ose rêver. Le Centre, c'est notre séminaire, d'où essaimeront des Julien Sorel, usant de leur sacerdoce pour conquérir femmes, richesses et honneurs. Mais avant ces succès mondains, il faut prêter serment, faire vœu de fidélité à l'information, ne pas négliger nos devoirs éthiques, s'effacer devant notre noble mission. Une posture d'humilité, recommandée pour accéder à la carrière, puis pour progresser.

Ce parcours initiatique, la sainte rédactrice de *CFJ-Notre journal* l'illustre à merveille, elle qui se cloître au Centre *« semaines, week-ends et autres jours fériés »*. Elle qui, *« sur le pont dès 6 heures »*, célèbre sa revue de presse comme un *« premier rituel »*. Elle qui passe de *« longues soirées, scotchées à l'AFP »*, espérant la survenue d'un événement. Elle qui, dans la joie, sacrifie chastement sa vie privée pour s'engager dans une *« irréversible mutation »*. Elle qui, enfin adoubée prêtresse, après une *« ultime étape initiatique »*, pénètre *« des mystères »* invisibles *« pour l'entourage »* profane…

Que la comparaison ne trompe pas : c'est bien un ordre temporel que l'on décrit. Et s'il s'agit de gagner des places, ce n'est pas au royaume des cieux… davantage au *Figaro*, à France Inter, au *Monde*, à TF 1, dans ces chaires médiatiques qui, désormais, plus que Rome, détiennent le pouvoir symbolique. Celui de dire le monde, de départager les bons et les méchants, de sacrer les puissants… avant de les fréquenter.

Ce désœuvrement à temps plein, en définitive, révèle une faille essentielle : qu'enseigner dans les écoles de journalisme ? Qu'enseigner, alors que produire des brèves, des flashes, des commentaires sur images pour les médias ne réclame guère d'efforts, encore moins de savoir ? Lors d'une réunion, Danièle Granet se plaignait : *« Les entreprises se font supplier pour verser cinq sous au CFJ. On croirait qu'elles s'en fichent de la formation ! »* Provocateur, j'émettais l'idée que *« peut-être, effectivement, ils n'ont pas besoin d'école pour former des journalistes. Après tout, qu'apprend-on en deux ans ? »* Désarçonnée, la directrice du Groupe CFPJ acquiesça : *« Mais tout à fait, vous avez parfaitement raison »*, avant de se reprendre : *« Tout de même, ici, on vous enseigne la déontologie. »*

Restent donc vingt mois à combler, où s'acquiert avant tout une attitude : il faut être présent. Car notre présence est une fin en soi. Une marque d'allégeance, fort appréciée des rédactions où l'on feint souvent l'activité avec frénésie, où l'on s'attarde jusque plus nuit sans raison ni but : *« On ne travaille pas beaucoup dans les médias. […] On brasse beaucoup d'air, on fait beaucoup de gestes, on prend beaucoup la pose, on s'agite beaucoup, mais on ne travaille pas beaucoup.* »[1] Nous mimons la vie des journalistes jusque dans son vide.

Cette hyperprésence signera notre adhésion à l'entreprise. Au sens propre, puisque l'on n'en décolle plus... Une preuve d'*attachement*, à même de rassurer des hiérarchies qui, plus que tout, redoutent l'insubordination. Grâce à cette coercition, l'école teste et forge notre disponibilité totale à l'employeur : nous voilà bientôt prêts à servir l'actualité (et les actionnaires). Sept jours sur sept.

« "Attachés", dit le loup ? »[2]

1. Pascal, pigiste, cité *in* Alain Accardo, *Journalistes précaires*, *op. cit.*, p. 209.
2. Jean de La Fontaine, *Le Chien et le loup*. Et l'on s'en doute, les plus précaires seront aussi les plus attachés : *« Avant tout, la condition à remplir, c'est la visibilité du candidat, concrétisée par sa présence au sein de l'entreprise. »* (Georges Abou, *Journalistes précaires*, *op. cit.*, p. 107.)

Un conseil

Pendant mon stage en PQR, le chroniqueur sportif vient me trouver : *« Ça va ? »* Je scannais des négatifs dans le labo photo : *« Pas de problème. Encore dix minutes et je me casse. »* L'air gêné, il gratte son crâne chauve, étrangement nerveux : *« Il faut que je te dise quelque chose... comme ça... en tant que... »* Il va pisser, revient, ferme la porte, puis chuchote, pour ne pas alerter les collègues : *« Tu vois, je voulais te dire, ne le prends pas mal, c'est parce que... Voilà. A mon avis, tu prends les choses un peu trop à la cool. Je ne dis pas que tu ne bosses pas, non, je sais bien que tu écris trois, quatre, cinq articles par jour, que tu réponds à toutes les commandes. Objectivement, il n'y a rien à te reprocher. Mais c'est presque trop facile, on dirait. Le midi, par exemple, pendant une demi-heure, tu prends ton bouquin, tu te mets au soleil. C'est des trucs, ça ne passe pas. Regarde Luc, bon, ses papiers, je ne les comprends pas, ce n'est pas toujours lisible, il faut les réécrire derrière et même après ça, je m'arrête aux trois premières lignes. Il écrit moins que toi et moins bien. Mais il est là, devant son ordinateur, toujours agité, toujours disponible... On vient d'engager un* CDD*, un correspondant, c'est pareil. Il n'a rien d'une lumière mais bon, il est disponible, il mangera ses carottes râpées devant son clavier... C'est ça qu'il demande,* L'Echo du Port. *Elle ne réclame plus que ça, la presse* *française : servilité, rentabilité, fraternité. Alors toi, là, tu sais écrire, tu travailles, le tout c'est dans les apparences... Que tu donnes l'air, tu vois, empressé...*

– Oui mais bon, tu vois, moi, je bouffe sur place... je ne rentre pas chez moi, alors...

– Non, mais attends, moi, je ne te dis pas ça pour que tu... Je te comprends. Tu as raison. Moi aussi, des fois ça me fait chier, parce que c'est du pipeau, on n'est là que pour la présence. Qu'est-ce que tu crois que je fais, moi, au journal? J'arrive le matin, je souris, j'embrasse la chef, je passe un coup de fil au président du club de foot et c'est tout. Mais bon, faut être là, débarquer à 9 heures, pas partir avant 19 heures, donner l'impression de se passionner, que le métier t'intéresse, même si parfois, moi, j'en ai vraiment rien à secouer... Je m'emmerde. C'est ça, mes journées, je m'emmerde, mais je fais semblant. »

La leçon tournait à la confession et commençait à me peser : « *Je te dis ça par amitié, je ne l'aurais pas dit à n'importe qui, mais c'est pour ton service... pour ton rapport de stage... Il te reste quinze jours pour laisser une bonne impression à Corinne [rédactrice en chef adjointe de la locale].* L'Echo, *c'est une grosse boîte. Moi, tu as vu ce que je fais? Eh bien, je suis payé 20 000 francs net. Fais un effort et toi aussi... Ce soir, par exemple, tu as tout fini? Attends jusqu'à 19 heures 30, pars dans les derniers, redemande du boulot. Sinon, Corinne, c'est comme ça qu'elle le notera ton rapport : "Fait son travail mais..."* »

Mon ange gardien avait visé juste : l'adjointe admit *«la qualité des articles»* («bon» ou «très bon» pour la rigueur, la précision, le style, l'originalité), elle reconnut mon *«adaptation aux contraintes»* («bon» ou «très bon» pour la maîtrise de l'outil, la rapidité, l'esprit d'équipe, le respect des horaires de livraison), mais signala néanmoins que *«François est un garçon intelligent qui gagnerait à s'investir plus dans la vie d'une rédaction»*.

La peine cachée

« Attendez à l'extérieur, nous allons rendre notre verdict. »
« Je vais faire mon enquête et je retrouverai celui qui a déclaré ça... »
« Qu'avez-vous à dire pour votre défense ? »

Le directeur.

Après les écrits, puis les oraux, puis l'attente, on nous intronisait enfin, ce matin-là, dans *« la prestigieuse école de la rue du Louvre »*. Nous avions reçu la bonne nouvelle par courrier quatre ou cinq jours plus tôt. Montant de province, pour la plupart, nous logions sur le sofa de cousins ou d'amis.

Le directeur jeta un coup d'œil à sa montre : *« Il est 9 heures 35. Vous avez cinq minutes de retard, jeune homme. »* Le sac à dos encore sur l'épaule, Sébastien bafouille, s'excuse, surpris par cet accueil chaleureux. Il arrive d'Angleterre, descend tout juste du train, n'a appris son admission que samedi, au téléphone, par ses parents. *« Il est 9 heures 43. Vous avez treize minutes de retard, jeune homme. »* Etienne a changé d'adresse, n'a reçu sa lettre que la veille, s'est perdu dans les couloirs des Halles... *« La première qualité, dans ce métier, c'est la ponctualité. C'est bon pour aujourd'hui, mais retenez bien ça. En tant que jeunes professionnels, on exige de vous une exactitude absolue.»* Le surlendemain, notre proviseur affichait devant son bureau une note de bienvenue : *«Aux deuxième année : vos enseignants m'ont déjà signalé deux retards. C'est une année qui commence très mal.»* En effet.

Un scénario qui se répète : chaque matin, un enseignant fait l'appel. Rebelote l'après-midi ! Un cahier à signer circule deux fois par jour. Et le soir, lors des rencontres, une prof cache un trombinoscope sous son coude, dévisage les présents et relève les noms des tire-au-flanc qui ont profité de la pause pour s'éclipser.

Car, comme le stipule le règlement intérieur, comme le répète à loisir le directeur, *«tous les cours, conférences et travaux pratiques sont obligatoires»*. Grand seigneur, notre responsable concédera néanmoins : *«On tolère que vous soyez malade.»* C'est dire si le seuil de tolérance est vite dépassé… *«Une absence par mois, eux, ils traduisent aussitôt ça en comportement perturbateur.»* (Olivia.)

Déménagement, grand-père à l'hôpital, accident de moto du copain[1]… les récits se suivent et se ressemblent de ces absences refusées, ou concédées comme des faveurs, qui supposent donc une dette. De ces retards, sanctionnés par des

---

1. Elise : *«Après mon article sur les flics, je déprimais. Mon copain venait d'avoir un très grave accident de moto. Mon grand-père était à l'hôpital. J'avais besoin d'un ou deux jours de repos, pour souffler. J'ai donc joué la carte de l'honnêteté. On me les a refusés, car "la présence est obligatoire et si on fait une exception…" Du coup, à la secrétaire, qui est adorable, j'ai confié : "Dites-leur que je suis malade." Ils m'ont fait changer ma personnalité, parce que je déteste mentir. Et le mensonge participe d'une mauvaise ambiance.»*

reproches, une remarque piquante, des regards accusateurs, des sommations de *« si ça se reproduit, on ne pourra pas te donner ton UV »*.

Cette anxiété, deux alinéas du règlement intérieur la renforcent : *« Sont admis de droit en seconde année les étudiants qui ont obtenu toutes les unités de valeur »*, annonce le premier. *« Aucun redoublement n'est autorisé »*, ajoute le second. Conclusion de notre responsable : *« Il faut que vous ayez toutes vos UV, je dis bien toutes. Sinon, il y a problème et c'est au conseil pédagogique de trancher. De vous exclure ou non. »*

Dès son discours de « bienvenue », le directeur appuie sur cette corde : *« L'année dernière, nous avons exclu un étudiant qui n'avait pas respecté des règles déontologiques de la profession. Un autre a quitté l'établissement parce qu'il n'était pas adapté à l'école. Et on pourrait très bien exclure des élèves pour des absences, ou même des retards. »*

Une épée de Damoclès que les enseignants brandissent volontiers. Ainsi, lors du debriefing de *Combat* :

Le directeur : *« Il y en a certains qui n'ont pas joué le jeu, qui ont juste fait leurs 35 heures... »*

Un élève modèle : *« Je ne trouve pas ça juste, parce qu'on s'est beaucoup investis... »*

Notre responsable : *« On n'a pas dit toi, Ladislas, mais il y en a quelques-uns... »*

Un rédacteur en chef adjoint : *« Il y en a deux ou trois, on se demande ce qu'ils font ici. »*

Notre responsable : *« On ne va pas donner les noms mais*

on a bien noté qui... Et on se demande s'ils sont vraiment faits pour cette école, vraiment faits pour le journalisme.»

Cette menace, les étudiants l'intériorisent. Alors que je venais de l'ouvrir, Laure me chuchota : *«C'est bien d'avoir le courage de tes convictions mais tu devrais te méfier.*

– Je m'en fous d'eux. Qu'est-ce que tu veux qu'ils me fassent ?

– Tu sais très bien qu'à la fin de l'année, si tu n'as pas ton diplôme...»

«Attendez à l'extérieur, nous allons rendre notre verdict.» «Je vais faire mon enquête et je retrouverai celui qui a déclaré ça!» «Il ne s'agissait pas d'une amnistie stricto sensu.» *«Qu'avez-vous à dire pour votre défense ?»* Autant de phrases prononcées par le directeur qui dévoilent un mécanisme pénal à l'œuvre au CFJ.

Ce tribunal invisible qui siège dans les mots, dans les têtes, se matérialise parfois à l'improviste : *«En cinq minutes, le bureau s'est transformé en cour d'assises, avec notre responsable comme grand inquisiteur, qui me montre du doigt, qui me traite de menteuse : "Tu cherches à nous monter les uns contre les autres", "Ça confirme ce qu'on pense de toi".»* (Sabine.) Moins spontanés, des procès sont rituellement organisés fin mai et prennent alors *«la forme théâtrale du grand appareil judiciaire»*[1] : silence martial, vouvoiement de rigueur, magistrats austères, reproches inattendus... A l'arrivée, une jolie séance d'autocritique, renom-

1. Michel Foucault, *op. cit.*, p. 215.

mée conseil pédagogique. En point de mire, pour une dizaine de délinquants, leur exclusion tant promise… et sans cesse repoussée.

« A l'atelier, à l'école, à l'armée, relève Michel Foucault, *sévit toute une micropénalité du temps (retards, absences, interruptions des tâches), de l'activité (inattention, négligence, manque de zèle), de la manière d'être (impolitesse, désobéissance), des discours (bavardage, insolence). »* [1] Sûrement cette micropénalité s'observe-t-elle dans toutes les institutions. Cependant, ni au collège (pourtant jésuite), ni au lycée (idem), ni en prépa HEC et encore moins à la fac, je n'ai éprouvé aussi fortement, aussi constamment, cette pression. Que je ne m'attendais guère à trouver dans l'enseignement supérieur.

Ces procédés, nos pédagogues les justifient invariablement par la réalité du métier. Un bureau se transforme en cour d'assises, avec un procureur-encadrant pour tonitruer ? *« C'est normal,* réplique notre responsable. *Tu verras ça dans ta carrière. »* Une élève est traitée de bonne à rien et se met à sangloter ? La prof enfonce le clou : *« Si t'es pas capable de supporter ça, faudrait peut-être que tu trouves une voie plus tranquille. »* Le ton comminatoire d'un courrier de la direction nous déroute (*« Indépendamment des conséquences qui pourront en découler, je vous prie de me faire parvenir une note circonstanciée expliquant ce retard »*) ? Le directeur s'étonne à son tour : *« C'est quelque chose de tout à fait*

1. *Ibid.*, p. 210.

courant dans la profession.» Des élèves désertent un symposium vespéral ? Le directeur avertit : *« Votre attitude relève à la fois d'un manque de professionnalisme et d'une absence inquiétante de curiosité, qui est une qualité professionnelle fondamentale. »*

Profession, professionnel, professionnalisme... C'est au nom du journalisme que le CFJ inflige ses mesures vexatoires. Une piètre rhétorique, ai-je d'abord songé. Un minable prétexte que nos gardes-chiourmes ressassent mécaniquement, réflexe d'autodéfense qui légitime, tantôt la rigidité du directeur, tantôt le sadisme des permanents, trop heureux d'écraser des jeunes gens plus ou moins prometteurs pour se venger d'une existence médiocre. Pure hypocrisie, donc. Et je m'emportais contre cet anachronisme. Et mes camarades dénonçaient cette *« anomalie dans une grande école »*[1].

Avec le recul, pourtant, après réflexion, j'approuve ces enseignants : oui, ce climat délétère, fait de chantages et d'intimidations, s'accorde objectivement avec l'état de la profession.

Jamais dans les médias, certes, je n'ai aperçu ces index pointés, ces chambres correctionnelles, ces injonctions autoritaires. Nulle part, ni dans mes nombreuses lectures, ni dans

1. Relisant ce manuscrit, un collaborateur des Arènes me fait remarquer : *« On dirait que cette école était peuplée de Ruffin. Qu'il y en avait trente comme toi. »* Ce régime un brin policier, en effet, tous les élèves ou presque le dénonçaient, et cette hostilité commune a pu nous unir. En revanche, me semble-t-il, mes condisciples adhéraient bien davantage à la logique de l'événement, de l'actualité, rarement remise en cause. Peut-être aussi, moi qui regardais le journalisme comme une mission sociale (et qui nourrissais des prétentions intellectuelles), peut-être éprouvais-je plus cruellement le vide spirituel du Centre.

LES PLUS NULS D'ENTRE NOUS FINIRONT EN RADIO...
CAFÉ
ET LES MEILLEURS AU RMI...
- FAUJOUR -

ma maigre expérience. Cette dramaturgie bavarde n'a pas sa place dans les entreprises de presse. Car les enjeux sont connus. Les menaces implicites. Les sanctions silencieuses… et d'autant plus féroces : au moindre écart, c'est un contrat qui n'est pas renouvelé, une promesse d'embauche oubliée, un espoir de stabilité brisé.

C'est le revers qu'a connu Jean-Louis, quarante ans. Après vingt-neuf CDD dans un journal régional, ses chefs lui laissèrent miroiter une intégration… pour, finalement, lui indiquer la sortie : *« Les raisons invoquées, c'est que je ne donnais pas satisfaction. »* [1] Sa direction aura mis quatre années à découvrir ce défaut. Idem pour Grégoire, vingt-cinq CDD en dix-huit mois, enfin un CDI en vue… avant que *Le Provincial* ne *« renouvelle son stock »* de collaborateurs et le raie de sa liste. Depuis, il subsiste péniblement grâce au RMI : *« Pour l'année 1997, mes revenus issus du journalisme s'élèvent à peine à 20 000 francs. »* [2]

Deux histoires trop banales parmi les milliers d'un vaste gâchis humain. Car dans ce métier, la précarisation de l'emploi s'accélère : + 51 % de pigistes entre 1991 et 1999. Un statut, bien moins choisi que subi, qui touche désormais un journaliste sur cinq : cet *« essor massif […] signale un développement spectaculaire de la précarité et l'émergence d'une véritable armée de réserve, souvent composée de jeunes, campant entre chômage et insertions fugitives dans les rédactions »*. [3]

---

1. Christophe Dabitch, *in Journalistes précaires*, *op. cit.*, p. 231.
2. Stéphane Binhas, *ibid.*, p. 149.
3. Erik Neveu, *op. cit.*, p. 25.

Attirés par un décor de cartes postales, par l'aura d'exotisme des reporters, par le prestige des icônes télévisuelles [1], les entrants se bousculent au portillon du journalisme. D'autant qu'aucun diplôme n'est requis. Aucun savoir pointu n'est exigé, juste une syntaxe correcte. Dès lors, le métier sert de déversoir pour des facs de lettres, d'histoire, de Sciences-Politiques engorgées, ces filières n'offrant comme débouchés que la charge (jugée pantouflarde et peu valorisante) de professeur.

Evoquant Tintin ou Albert Londres, ces bacs + 2, + 3 ou + 4 réclamaient de l'aventure ? Ils seront ravis : entre aspirants journalistes, c'est la jungle. Même pour des stages (non rémunérés), *« les demandes [sont] pléthoriques par rapport à l'offre »*. [2] Une bagarre telle que *« les entreprises ont tout loisir de tester des milliers de stagiaires et pigistes, presque gratuitement et sans engagement d'aucune sorte »*. [3] Libre alors aux patrons de jongler avec ce volant de main-d'œuvre : piges commandées mais non réglées, ou avec trois mois de

---

1. Peu de métiers, sinon aucun, bénéficient aujourd'hui d'une image aussi valorisée que celui de journaliste. Exemple : une publicité pour Europe 1 (parue dans *Libération* le 20 janvier 2002) qui vante *« un métier à part »*, à la pointe de *« l'info à chaud »*, avec des *« grands reporters »* qui *« sillonnent le monde chaque fois que l'actualité l'exige »* et ce sur un rythme trépidant : *« Moyenne d'âge des journalistes : trente ans. Alors, pas le temps pour les états d'âme. »* Laurence Lacour – qui a couvert l'affaire Villemin pour cette station, puis a rédigé *Le Bûcher des innocents* – déclarait à Cyril Lemieux : *« De toute façon, ma rédaction n'avait pas le temps d'avoir des états d'âme. »* (*Mauvaise Presse*, *op. cit.*, p. 385.) Ce que cette journaliste regrette, ayant avec ses confrères poussé au meurtre et au déchirement d'une famille, son entreprise s'en flatte.
2. Jacques Le Bohec, *op. cit.*, p. 123.
3. Jean-Marie Charon, *Cartes de presse. Enquête sur les journalistes*, Stock, 1993, p. 33.

retard, ou en dessous du tarif prévu, usage systématique des CDD, de courte durée le plus souvent, prolongés ou non à la tête du salarié... avec le consentement des prétendants au titre de noblesse, prêts à bien des sacrifices[1].

Sur ce champ de bataille, pour monter à l'assaut des forteresses les plus en vue, passer par un établissement reconnu est une arme obligée. Mais pas un bouclier contre les incertitudes. D'abord, bien sûr, parce que cette précarité frappe massivement les jeunes, eux qui arrivent sur un marché bondé. Surtout parce que, étudiants d'élite dans une école d'élite, nous visons des supports d'élite : TF 1, RTL, *Le Monde*, France 2, Europe 1, *Libération*, *L'Express*, etc. Des médias nationaux et généralistes, justement ceux qui recrutent le moins et recourent le plus à des pigistes : entre 40 et 55 % [2]. Logique : puisque ces glorieux sommets fascinent, puisque la concurrence s'y fait plus ardente que pour la PQR ou la presse spécialisée, comment les entreprises n'en profiteraient-elles pas ?

Résultat : en 1993, *« seulement un étudiant sur quatre se voyait proposer une embauche au terme de son stage de fin de formation de l'une des plus prestigieuses écoles de journalisme »*.[3] Un score qui s'est effondré depuis : un an après la

1. Toujours plus fort : les magazines remplacent leurs titulaires par des sous-traitants esseulés, s'épargnant ainsi charges sociales, achat de matériel, location des bureaux et contestation : *« On a constaté ces vingt dernières années une réduction des effectifs des équipes permanentes qui s'entourent de "viviers" considérables de pigistes contraints d'accepter durablement cette situation. »* Denis Ruellan et Dominique Marchetti, *op. cit.*, p. 54.

2. *Ibid.*, p. 54.

3. Jean-Marie Charon, *op. cit.*, p 33

sortie, 48 % des anciens n'occupent toujours aucun poste fixe. Et pour l'autre moitié, le parcours du combattant continue, un CDD après l'autre, une période d'essai qui peut durer deux, trois, quatre, cinq années.

C'est le cas d'Anne, promotion 1997 : *Télérama* et *Le Nouvel Obs* la rémunèrent irrégulièrement (et assez peu). Des remplacements l'été, des piges ici et là dont le tarif s'affaisse jusqu'au dérisoire. Qu'importe : lui reste le capital symbolique et l'espoir de conquérir un jour le coin d'un bout d'une rubrique « culture ». Sylvain, lui, promettait beaucoup. Bonne plume, une promo avant la nôtre. Pourtant, nous revient l'écho de ses laborieux intérims au *Journal du dimanche*, papa-maman réglant le loyer. Hélène, elle, qui collabore aux *Dernières Nouvelles d'Alsace*, culmine à 90 euros de papiers vendus en huit mois.

Ce versant obscur du journalisme, nous l'occultons longtemps. Empruntant la voie royale, on se présume à l'abri de ces désagréments. L'avenir, forcément brillant, s'ouvre à nous… Un mirage que nos rencontres avec Joffrin, Généstar, Lescure, Plenel, etc., ne dissipent pas : pour eux, la précarité n'existe pas. Ils ne la voient pas, étant assis dessus. Ou alors, ils la nomment liberté. En revanche, ces mécènes recherchent des *« talents »*, des *« idées neuves »*, de *« l'imagination »*. Et ils comptent sur nous, à demi-mots, pour *« revigorer leur rédaction »* qui *« somnole parfois dans son train-train »*. Leur *« porte est ouverte »*… il suffit donc de la pousser !

Les choses se gâtent en seconde année, dès la rentrée. Via Internet, des bruits nous sont parvenus pendant l'été : deux

ENTREZ DANS LE MONDE FASCINANT DU JOURNALISME
PAR LA GRANDE PORTE...
anpe
-FAUJOUR-

rédactrices « télé » qui, dans la promo précédente, n'ont pas trouvé de stage. Des « spé-écrit » qui restent sur le carreau. Les « Web » sans perspective aucune. Jusqu'alors peu disert, le directeur admet des difficultés : *« Nous avons des relations tendues avec TF 1 et France 2, d'où des cafouillages pour les JRI. Par ailleurs, la bulle des nouvelles technologies a explosé. La pub est en chute libre. Tous les journaux réduisent leur masse salariale...* Libé *licencie.* Le Monde *ne va pas tarder. Pas facile, vous imaginez, de placer des étudiants dans cette tempête. Et puis Vivendi n'embauche pas, ils demandent une rentabilité trop élevée. Il va falloir faire passer une pédagogie auprès des actionnaires. »* Lui se dit *« confiant malgré tout »* : *« Ça va repartir, l'économie c'est des cycles. »*

De notre côté, la confiance s'effrite, tandis que le diagnostic se précise : le marché est bouché. Ce que confirme avec humour un enseignant en fin d'année : *« Vous êtes quatorze en "spé presse écrite", dont un SR. Il y en aura au moins un qui trouvera du boulot... »* L'inquiétude monte, avec son cortège d'interrogations existentielles : jusqu'à quand vais-je vivre au crochet de mes parents ? Me suis-je fourvoyé dans mon orientation ? Mes études ne m'ont-elles conduit qu'à l'échec ? Petite ou moyenne bourgeoisie en ascension, on redoute d'aborder la descente. Et aussi : quels sont les besoins des entreprises ? Comment m'y adapter sans trop déchoir ? Faut-il se réfugier en province ? Se tourner vers le secrétariat de rédaction ? Se lancer dans la communication institutionnelle ?

Des places rares et chères, des milliers de candidats, des compétences floues sinon infimes… le journalisme est un univers socialement violent. Avec des employés sans cesse en péril. Et Pierre Bourdieu de remarquer qu'*« à la base, il y a un paradoxe : c'est une profession très puissante composée d'individus très fragiles »* [1].

C'est cette fragilité que nos pédagogues reproduisent dans l'école. Via des soupçons, des procès, des oukases… Si ces mesures leur paraissent naturelles, normales, courantes, c'est qu'on les retrouve dans la profession. Sous une autre forme : à la menace d'une exclusion scolaire (souvent illusoire) répond le risque d'une exclusion sociale (plus réelle).

Cette analogie, je ne l'ai perçue que dans les dernières semaines. Tandis que l'étau de la surveillance se desserrait, un autre souci prenait la relève : qu'allions-nous devenir ? Des intellos précaires survivant grâce aux minima sociaux ? Ou des opportunistes prêts à toutes les compromissions pour signer articles et contrats ?

1. Pierre Bourdieu, *Interventions*, Agone, 2002.

Laurent Beccaria, l'éditeur de ce livre, entré au CFJ en 1986, le déserta après deux mois. A la lecture de mon manuscrit, il a retrouvé le même conformisme. En revanche, selon lui, *« il y avait à l'époque chez les élèves une extrême arrogance qu'on ne retrouve pas ici »*. Effectivement, je ne l'ai guère ressentie. Pourquoi ? Peut-être, d'abord, parce que le journalisme après Bourdieu – et après Halimi ou Accardo – ne se vit plus avec la même fierté : une critique des médias, marginale ou timorée, a émergé depuis dix ans et contribue à démystifier (encore trop peu) le métier. Et surtout parce que la situation sociale des journalistes a évolué – et pas pour le mieux. En 1986, des chaînes privées naissaient qui embaucheraient les promos du CFJ, alors qu'en 2002, l'étudiant doit s'accrocher pour obtenir, et conserver, un contrat précaire. Une nouvelle donne qui laisse moins de place à l'arrogance.

Toute sa carrière, de son entrée (réussie) au *JDD* jusqu'au management de *L'Evénement* (coulé), le directeur a connu, me semble-t-il, cette vulnérabilité. Et la connaît encore : on devine bien qu'il s'ennuie au CFJ, mais trouvera-t-il aisément un poste ailleurs, au salaire approchant ? Quitter la rue du Louvre sans filet solide, c'est risquer une traversée du désert. Idem pour les permanents, au parcours cahotique, écartés de leurs rédactions, miraculeusement sauvés des Assedic par le Centre.

Cette insécurité imprègne désormais toute la presse. Comment s'étonner alors que, consciemment ou non, les professionnels instaurent cette peur dans l'école ? Une peur qui leur paraît inhérente à la réalité du métier. Une peur qui règne, de fait, à peine voilée, dans les médias.

Cette appréhension du chômage est remplacée, au CFJ, par un système disciplinaire. Un chantage à l'expulsion qui garantit le sérieux de l'école : dans un monde en compétition permanente pour l'emploi, dans des entreprises de presse où l'on se bat pour gagner sa place, où l'on se bagarre pour la garder face aux légions de pigistes, de surdiplômés, de CDD, l'école doit maintenir une forme de lutte pour la survie sociale. Moins par nécessité interne que pour prouver son adaptation à l'environnement économique. Afin, aussi, de nous faire adopter les mêmes réflexes : obéissance et soumission.

35
ÇA C'EST DE LA PROMOTION...
À VENDRE !
- FAUJOUR -

Un procès

Arrivant de la fac, après une année à l'étranger, habitué à une relative autonomie, Samuel avait peiné dans les premières semaines : des retards réguliers, une poignée d'absences et surtout une franchise qui lui valut de contester les choix des enseignants. Puis il s'était ajusté : *«Au second semestre, notre responsable m'annonce que c'est bien, que j'ai "aucun retard, des bonnes notes, des reprises rendues à temps". Donc, en pratique, il n'y a rien à redire. Mais sur leur fiche, ils me pénalisent pour "indolence" et c'est là que je dis qu'il y a formatage. Parce que, ce qu'on me reproche c'est ma manière d'être, ma personnalité, alors que mon travail est bien fait. J'ai fait l'effort pour me conformer à leur modèle, je stresse parce que en entrant, au fond, on me demande d'être quelqu'un d'autre et je me retrouve malgré tout en conseil pédagogique.*

Là, tu entres dans la salle et ça fait vraiment penser au procès dans M. le Maudit, *de Fritz Lang. Ils sont quinze en face de toi, derrière leur table, tu entres, ils ne te mettent pas à l'aise. Il y a dix secondes de silence. Le directeur prend la parole, pas de bonjour ni rien, juste : "Je lis indolence, je lis manque de rigueur, alors?" Ils ne t'invitent pas à la discussion, il n'y a pas de contestation possible, ils soulignent juste les deux ou trois mots négatifs alors que, dans l'ensemble, sur mes bulletins, les profs appréciaient mon travail. Comment tu veux faire autre chose que t'autoaccuser? "Oui, c'est vrai, vous avez raison, je m'excuse, je vais essayer de...", même si, au fond de toi, tu trouves ça injuste, qu'il n'y a absolument aucun motif.*

On ne m'a jamais fait un truc comme ça dans la vie. Je me suis déjà fait virer de mon lycée, mais c'était justifié, il y avait des règles, je ne les respectais pas, je m'amenais en classe avec le drapeau noir, je déclarais l'état d'anarchie. Mais là, j'ai été lâche, je m'en suis un peu voulu de ne pas avoir répondu. Aujourd'hui, si on prenait une bière ensemble, je lui dirais, au directeur : "Vous avez suscité en moi des sentiments pas très nobles, vous avez éveillé la lâcheté et la peur, des sentiments dont je doute qu'ils correspondent aux valeurs du journaliste." Ça me paraît d'autant plus grave que ce qu'on attend du journaliste, c'est quoi? Qu'il résiste aux pressions. Et là, on joue à fond sur l'obéissance, l'ordre, la hiérarchie, en condamnant les déviances.

Comme verdict, ils ont déclaré : "La deuxième année sera pour vous une période probatoire où l'on attend de vous que vous normalisiez votre comportement." La seule fois où j'ai entendu une phrase comme ça, "normaliser votre comportement", c'était adressé à un copain en hôpital psychiatrique. »

Période probatoire, année probatoire, travail probatoire, telles furent les sanctions décrétées. Le terme en dit long : sortant de prison, en liberté conditionnelle, les ex-détenus sont suivis par un comité de probation.

A notre tour de racheter nos fautes par une bonne conduite.

Ce lexique reflète également la précarité du métier : pendant ses trois, six, neuf, dix-huit mois de CDD, que réclame l'entreprise? Que le jeune journaliste fasse ses preuves. Ou encore : qu'il donne la preuve de son adhésion. Une année probatoire, à sa façon.

Autre procès, même mesure pour Paul. Son crime : préférer la Côte d'Azur à la Normandie, une prédilection héliotropique plutôt banale. Pour son stage en presse régionale, il avait donc inscrit *Nice-Matin* comme choix n° 1. Notre secrétaire générale, malheureusement, ne parvint pas à le caser dans ce média. Ni dans son choix n° 2, *La Provence*, ni dans le n° 3, *L'Indépendant*. Elle le dirigea donc vers *Paris-Normandie*. Voilà qui n'arrangeait pas notre camarade, qui ne comptait ni amis ni parents dans la région.

C'est alors qu'il téléphone à une connaissance de son quotidien méridional favori. *«Il y a encore de la place en stage»*, assure son interlocuteur. Ajoutant que «Nice-Matin *n'a reçu aucune demande du* CFJ. *Le contact habituel de votre école a quitté l'entreprise depuis deux ans.»* Paul retourne dans le bureau de la secrétaire générale, qui *«a dû se tromper»*. Une remise en cause inadmissible. Deux jours plus tard, l'étudiant est convoqué par le directeur : *«Je ne discuterai même pas du fond. Vous avez commis une faute de principe en ne faisant pas confiance à notre secrétaire générale.»*

Au conseil d'année, le même persiste et signe : *«Paul a commis une faute de principe, il n'a pas respecté la hiérarchie. Je ne signerai donc pas ce stage avec* Nice-Matin. *Choisir son stage soi-même, pourquoi pas choisir vos profs vous-mêmes? Je ne laisserai pas un élève prendre son téléphone pour trouver un stage.»*

Sans fard, le directeur recourt à la faute de principe et au respect de la hiérarchie. Une exception. Car, le plus souvent, les enseignants dénient ces rapports de force. Supportent mal leur mise à nu. *«Il faut que tu supprimes ce musicien. Il dit du mal des journalistes, ça ne sert à rien de faire du masochisme. [Un temps.] Qu'en penses-tu?»* A toutes leurs consignes, les profs ajoutent ce : *«Qu'en penses-tu?»* C'est qu'ils attendent notre *adhésion* plutôt que notre *soumission*. C'est qu'ils oublient, un instant, les mesures judiciaires dont ils disposent pour imposer leurs desiderata – des menaces et sanctions dont ils useront, naturellement et sans en percevoir la violence, en cas de désaccord.

Dès lors, leur offrir notre franche *servilité* (*«C'est vous qui décidez»*, *«Je suis la consigne»*, *«Vous êtes le chef»*, *«Bien sûr que vous avez raison»*, *«Je ne veux pas d'ennuis»*, etc.) devient une forme de résistance qui les agace. On les remet à leur place : ces agents de la norme médiatique s'imaginent transmetteurs de savoir? Nous les traitons avant tout comme des détenteurs de pouvoir.

Pédagogie de la soumission

« Vous voyez ce que vous nous faites faire ? On n'en a jamais eu autant, en conseil pédagogique. D'habitude, il y a une forte tête et puis c'est tout. »

Une enseignante.

Réserves, avertissements, UV suspendues, menaces orales ou écrites, en privé ou en public, individuelles ou collectives… notre année se révéla un grand crû, riche en châtiments et en rebondissements. Davantage que la précédente (qui se surnommait « les Bisounours »). C'est que, contre *« la tendance à l'uniformisation des profils »*, le directeur avait *« recherché des caractères un peu "forts" et des personnalités "atypiques" pour dynamiser la future promotion… »* [1] On entrouvrit la porte à d'autres variétés que les bachoteurs studieux : des plus ou moins militants, des vaguement grandes gueules, des d'ores et déjà désabusés. On laissa entrer quelques semi-loups dans la bergerie. A bien vite convertir en moutons.

Issus des maîtrises ou DEA de philo, lettres, histoire, ces étudiants s'étaient habitués à une certaine liberté – de

1. CFJ-*Notre journal*, n° 50, février 2000.

mouvement et d'expression. A l'université, les cours devenaient facultatifs. Les copies à rendre fort rares. Le mémoire à rédiger sans pointage. Libre à chacun, ensuite, d'échouer ou non aux examens. Une indépendance de vie et d'esprit qui jure avec les standards du Centre. Et si ces élèves se plient aux lois du lieu, c'est en renâclant. En n'adhérant guère aux valeurs de ce journalisme : produire vite, sur des sujets vendeurs, quitte à ressasser des clichés. D'où l'irritation de nos responsables contre cette minorité.

Se découvre ici une schizophrénie du Centre, et de la presse. En public, un poncif : tous les dirigeants demandent des caractères et des personnalités pour dynamiser leurs rédactions. Mais en vérité, tous souhaitent d'abord que l'entreprise fonctionne. Sans heurts, sans débats, sans conflits. Que dire, lorsque des brebis galeuses dynamisent si bien la boîte que des pétitions circulent et qu'éclate une grève d'une journée ?

Globalement négatif. C'est donc le bilan que tira le directeur de cette timide ouverture. Accueillant nos successeurs, il déclarait que c'en était fini des *« glandeurs littéraires »*. Place aux *« gens sérieux »*, *« pas trop formatés par l'université »*, avec un recrutement spécial Sciences-Po Paris. Eux partagent, sans se forcer, les ambitions du microcosme – placer un papier en une du *Monde* ou devenir éditorialiste sur France 2 – et sont prêts à courtiser pour conquérir ce Graal.

« Vous voyez ce que vous nous faites faire ? On n'en a jamais eu autant en conseil pédagogique. D'habitude, il y a une forte tête et puis c'est tout. » C'est en mai, réunis en

conclave, que les enseignants décidèrent de traduire huit élèves devant un conseil de discipline. Un record, comme s'en indignait l'un d'eux.

Avant même les procès, leur but était clairement affiché : soumettre. Casser les fortes têtes. Et en faire des faibles. Notre prof aurait pu dire : *« D'habitude, il y a un paresseux. »* Ou un incompétent. Ou un manipulateur. Mais non : le suprême reproche que l'on puisse adresser à un journaliste, c'est d'être une forte tête. Un vice inquiétant pour des bons petits soldats.

L'attribution des unités de valeur, déjà, s'était faite à la forte tête du client. Les enseignants se révélèrent de redoutables psychologues, devisant sur la personnalité de leurs patients davantage que sur les articles de leurs élèves. *« Simon,* estimait notre responsable, *c'est un garçon qui est léger. Opiniâtre et léger, un peu entêté. »* Trois qualificatifs qui valurent au suspect une suspension d'UV. *« Paul, il n'est pas épanoui, on a du mal à le cerner ce garçon. » « C'est vrai,* enchaîna un autre, *il est taciturne, rêveur. »* Pour guider ce personnage lunaire sur la voie de son épanouissement, on lui offrit un passage en conseil pédagogique…

De ces séances de psychanalyse sauvage, une déléguée sortit un peu déconcertée : *« Ils ne jugent pas le travail mais directement les élèves. Ils disent qu'untel est "caractériel", un autre "pas calibré", qu'un troisième "refuse de se conformer à la structure". Ils nous traitent comme des "cas" avec des difficultés mentales. »*

On imagine mal, dans une école de chimie, dans une faculté d'histoire, dans une prépa HEC, des enseignants qui se

SI VOUS VOULEZ FAIRE DE LA RADIO IL VA FALLOIR APPRENDRE À FERMER VOTRE GUEULE...
CK

pencheraient ainsi sur la personnalité, le caractère ou la psychologie de leurs étudiants, négligeant les copies, reléguant les connaissances au second plan, s'abstenant de tout examen en fin d'année. C'est que cette sélection s'opère, à l'université, sur des critères intellectuels ou culturels. Mais ici ? L'indigence du lieu est trop criante. Le travail de compilation, trop simple pour autoriser une sélection.

C'est donc sur des valeurs assez floues que se fait le tri entre l'ivraie et le bon grain : sur la disponibilité, l'écoute, la curiosité. Le Centre nous classe moins en fonction de nos aptitudes que de notre attitude. Quant au conseil de discipline, il ouvre officiellement la chasse aux hérétiques. Les déviances sont clairement condamnées : *« On attend de vous que vous normalisiez votre comportement »*, ordonnera le directeur à Samuel. Evaluations et jugements mesurent notre écart (supposé, et à réduire) avec le parfait professionnel des médias : docile et conforme.

Lentement, on se transforme en des *nobody*, crachant de la copie sans broncher. *« J'ai fait le sous-marin toute l'année. »* (Benoît.) *« Je me suis effacée. J'ai essayé d'être la plus lisse, la plus transparente, la plus inexistante possible. »* (Maud.)

Plus philosophe, Jérôme s'interroge : *« Je ne sais pas si ça a vraiment changé nos personnalités profondes. A les entendre, nos profs font le pari que non, mais je ne sais pas. »* Peu importe, à mon sens, que nos personnalités profondes soient modifiées ou non. Peu importe que, dans notre intimité, on se retrouve tels qu'avant l'école ou pas. Une chose semble assurée, et c'est la seule qui compte : notre mode d'être *professionnellement* a, lui, été ébranlé. Une fois entrés dans les entreprises de presse, nous continuerons à surveiller nos gestes, nos paroles. Grâce à cette formation, nous aurons renoncé à nous exprimer librement, à écrire librement, à nous comporter librement dans les médias… Un sérieux atout dans notre manche.

« Je parais sous mon meilleur jour, juste ce qu'il faut, pas un mot plus élevé qu'un autre, normal. Parce que, même quand on a du caractère, faut savoir niveler tout ça. »[1] (Edmond.) *« Le CDD, il faut qu'il donne l'impression d'être bien dans cette rédaction, qu'il lance des sourires aux uns et aux autres, qu'il soit souple… »* (Clément.) *« Le profil type, c'est d'être gentil avec tout le monde. »* (Grégoire.)

Ces trois témoins n'étudient pas rue du Louvre. L'un travaille à Radio France Internationale, l'autre à France 3, le dernier dans la presse régionale. Les similitudes avec le Centre, néanmoins, ne relèvent pas du hasard : l'école prépare efficacement pour la profession, qui réclame moins un savoir-faire qu'un savoir-être.

« Le journalisme est un tout petit monde, analyse Georges Abou, *et sa saturation en main-d'œuvre contribue largement à brouiller les critères d'accès à l'emploi. »*[2] Tout comme, au CFJ, sont brouillés les critères d'accès au diplôme. *« Les compétences professionnelles,* poursuit-il, *fonctionnent de moins en moins dans ce contexte. »* Logique, alors, que les

1. *In* Alain Accardo, *Journalistes précaires*, *op. cit.*, p. 58.
2. *Ibid.*, p. 106.

enseignants nous évaluent assez peu sur ce terrain-là. Et de conclure : « *Le critère du comportement relationnel tend à devenir décisif dans la sélection du candidat à un emploi.* » D'où les gloses sur la personnalité ou le caractère des étudiants, déterminantes lors du conseil d'année, bien plus que la rigueur ou la pertinence de nos informations.

Ainsi se forme-t-on, dès nos études, à la discrétion, à la parade amoureuse autour des intervenants (et bientôt autour des chefs de service). Des dispositions capitales pour la survie sociale : intégrant les rédactions avec un statut de CDD, nous risquons l'exclusion au moindre écart.

« *Exclusif.* Combat *vous plonge dans l'univers de sa rédaction* », titrait sur une affichette un étudiant blagueur. Suivi de ce chapô : « *Notre équipe a suivi Elise dans ses tentatives de faire publier un papier. Détonant.* »

C'est que le quotidien des municipales à Paris occasionna quelques frictions entre enseignants relecteurs et étudiants rédacteurs. Des accrochages qui inspirèrent un secrétaire de rédaction désœuvré : « *Tenez-vous bien : chaque papier préparé pour* Combat *donne lieu à un véritable... combat. Les négociations sont serrées, les coups bas peuvent pleuvoir, personne n'en ressort indemne. Les adversaires à affronter pour se voir consacrer dans les pages du journal sont des champions toutes catégories de la relecture et du démontage de papier mal ficelé.* » Le tout illustré de trois photos, prises lors d'un match de boxe : « *Sûre de la qualité de son papier,* lisait-on à côté de la première, *notre reporter passe à l'offensive contre "The Bull". Elle l'accule dans les cordes.* »

Deuxième cliché : « *Une deuxième gauche terrible finit par terrasser notre vaillante collègue, qui va devoir se résoudre à reprendre une trente-quatrième fois son papier.* » Rien de bien méchant. Pourtant, découvrant la plaisanterie scotchée sur un mur, une enseignante « *nous a recommandé de la cacher. "Pour vos* UV, *vaut mieux pas que les autres le voient." Et elle a raison. Notre responsable nous aurait accusés de "mal aimable", "ne sait pas travailler en équipe", "ne sait pas écouter". C'est consternant dans une grande école.* » (Elise.)

Dans cet immeuble où s'enseigne la liberté de la presse, même l'humour potache est banni. On pourrait le regretter, on aurait tort. C'est à cause de ses blagues qu'après vingt-quatre CDD, *Le Provincial* s'est débarrassé de Grégoire : « *J'ai fait le con. Par exemple, il y a une messagerie sur ordinateur, tous les journalistes sont connectés dessus. J'envoyais des messages qui, si ça se trouve, ne faisaient rire que moi. Au chef de G., je lui disais : "Bonjour, j'arrive bientôt, ça ne va pas être marrant pour toi. Attention ! On ne va peut-être pas s'entendre."* »[1] Après deux années au CFJ, jamais nous ne commettrions pareille faute : quel fantassin de l'info plaisanterait sans crainte avec son colonel ?

A *L'Echo du Port*, une rédactrice me confiait : « *Au siège, ils ne veulent plus s'emmerder à gérer des journalistes. Ils ne recherchent plus des fortes personnalités qui ont une grande estime de leur travail.* » Ce que confirmait une secrétaire : « *Il y a quatre ou cinq ans, ils ont envoyé des petits chefs dans*

1. *Ibid.*, p. 143.

PROFESSIONNELLEMENT QUELLES SONT VOS QUALIFICATIONS ?
JE SAIS M'AUTOCENSURER COURAMMENT DANS 4 LANGUES...
- FAUJOUR -

tous les bureaux. Pour casser l'ambiance. Les vieux grognards sont partis en faisant jouer leur clause de conscience.» Depuis, les jeunes défilent en CDD. Tel Luc, obéissant à souhait, disponible à volonté, revenant même ses jours de congé, n'osant pas réclamer ses frais de déplacement, courtisant les petits chefs sans décence, s'adonnant joyeusement au publi-reportage, ne cultivant guère une haute idée de son métier : *«Je ne crois pas qu'un journal soit le meilleur endroit pour écrire la vérité.»* En bref, prêt à tout pour obtenir son CDI et garder sa place au chaud.

Car dans le journalisme, qu'importe le talent, l'honnêteté ou l'audace, prime désormais la servilité. *«Le marché du travail est tel que, finalement, on me l'a fait sentir : il y a cinquante personnes qui attendent à la porte pour une place, donc on embauche ceux qui ont l'échine la plus souple. J'ai vraiment rencontré des gens soumis.»*[1] (Jean Louis.)

«Cela ne va pas plaire aux patrons d'entreprises de presse, rêve gentiment Cyril Lemieux, sociologue compréhensif, *mais ça veut dire qu'une bonne école forme des gens qui auront un esprit potentiellement insoumis.»*[2] Espérance bien naïve, car quel but *essentiel* poursuivent les écoles de journalisme ? Avant tout, condition nécessaire et suffisante de leur survie : plaire aux patrons des entreprises de presse. Quitte à former des esprits soumis.

1. *Ibid.*, p. 235.
2. Interview donnée au journal de l'IUT de Bordeaux. Cyril Lemieux s'exprimait, il est vrai, dans l'organe d'une filière universitaire dont le financement dépend moins de la taxe d'apprentissage que les écoles privées. Reste, malgré tout, à «placer» les étudiants et à leur trouver des stages.

« L'intellectuel est un individu suspect, relèvent deux auteurs. *Pour de bon ou fantasmatiquement, il reste porteur d'un esprit de contestation, d'une approche critique qui menace la culture de l'entreprise, son positivisme forcé, son esprit d'équipe, sa focalisation sur le rendement économique. Il dérange* a priori *mais il dérange aussi souvent dans les faits. »* [1]

Voilà, pour les PDG et autres DRH, une difficulté « managériale » : on ne commandait pas des journalistes comme de banals employés. Marché du travail et formation s'allient, heureusement, pour surmonter cet obstacle. Grâce à la précarité, chaque salarié vit avec *« la crainte, exacerbée par la raréfaction de l'embauche, de se faire repérer comme un trublion et de se voir préférer des concurrents plus dociles ».* [2] Une crainte que l'on incorpore au CFJ, et qui métamorphose les semi-intellectuels en des exécutants disciplinés.

---

1. Anne et Marine Rambach, *op. cit.*, p. 150.
2. Alain Accardo, *Journalistes précaires, op. cit.*, p. 19.

Une question

«*Est-ce que vous croyez qu'on peut interroger monsieur Poivre d'Arvor sur son interview de Fidel Castro ?*» Avant de s'autoriser pareille impertinence, Anne avait consulté notre directeur. Qui tiqua. Qui préférerait qu'on s'abstienne, tout en vous laissant bien sûr libre de... Le lendemain, un encadrant, ex-rédac chef du *Monde*, clarifia : «*Evitez de le questionner sur son bidonnage à Cuba. C'est un peu convenu et ça risque de le blesser gratuitement. Chacun commet des erreurs dans sa vie. Vous verrez ça dans votre carrière, chers confrères. Inutile de remuer le couteau dans la plaie.*» Jeunes gens bien élevés, personne ne s'abaissa à heurter cette convenance.

Un autre soir, après la venue du président du CSA de l'époque, le directeur nous félicita : «*Hervé Bourges vous a trouvés très bien, très sages. Il m'a même raconté – je vous fais une confidence – qu'il avait donné la leçon inaugurale, en début d'année, à l'ESJ de Lille. Vous savez qu'il est président de cette école... Et les étudiants lui avaient posé des questions, mais agressives, déplacées. Il a même quitté la salle fâché et a dû sermonner le directeur des études. Eh bien, hier, il a pu comparer avec vous et il vous a trouvés très, très bien.*»

Ainsi déontologiquement formés à la sagesse, les journalistes nouvelle génération importuneront sûrement autant les responsables que leurs aînés...

A l'instar d'un Edouard Balladur, les Premiers ministres nous lanceront encore des : *« Globalement, je crois que je ne vais pas me plaindre de vous. »*[1] Les candidats à la présidence peuvent continuer d'occuper un fort bel appartement de la ville de Paris, et à bon prix, les futurs Jean-Marie Cavada éviteront ces sujets qui fâchent et demanderont plutôt : *« Combien pouvez-vous me citer, monsieur Chirac, de variétés de pommes ? »*[2], avant d'être promus à la direction de Radio France. Les conférences de presse offriront toujours la même comédie, avec des *« questions convenues à l'avance, distribuées à des confrères sages, respectueux et appliqués à prendre des notes devant les caméras »* : *« C'est à Philippe Gouillaud, journaliste à l'*AFP *accrédité à l'Elysée, que les collaborateurs de Chirac ont réservé l'honneur de poser "la question" sur les essais nucléaires. »*[3]

Nous ne sommes pas éduqués pour les conflits. Depuis l'enfance, nous avons acquis bonnes manières et goût du consensus. Comment, aujourd'hui, irions-nous offenser des notables qui détiennent pouvoir politique, économique ou médiatique ? Ce n'est pas dans notre nature. Une nature courtoise que le Centre renforce encore.

Notre fragilité sociale, enfin, ne favorise guère la

---

1. Cité *in* Serge Halimi, *op. cit.*, p. 18.
2. *Ibid.*, p. 20.
3. *Le Canard enchaîné*, 21 juin 1995. Cité *in* Cyril Lemieux, *op. cit.*, p. 229.

prise de risque. Que des rebelles fassent leur travail de contre-pouvoir et, dans l'école ou dans leur journal, ils seront vite étiquetés trouble-fête. Marginalisés. Ecartés. L'extrême prudence, exigée dans l'entreprise, est également bienvenue avec les interlocuteurs : qu'un secrétaire d'Etat téléphone à son ami Serge July pour déplorer un papier, et que devient le CDD de *Libération*? De même en presse régionale : *«J'ai traité [ce sujet] d'une manière qui n'était pas forcément favorable au maire et il paraît, j'en ai eu des échos, que ça n'a pas forcément plu. Mon prédécesseur dans cet endroit a aussi eu des problèmes avec le maire et s'est retrouvé viré du jour au lendemain.»* (Jean-Louis.)

Un chercheur aperçoit, dans cette précarité, une *«convergence d'intérêts»* : *«Il est révélateur qu'aucun parti n'envisage de modifier la situation sur le marché de l'emploi des journalistes. Tout laisse penser, en effet, qu'il existe une stratégie politique pour placer la plupart d'entre eux dans une situation de faiblesse qui garantisse aux gouvernants nationaux et locaux, comme aux employeurs, leur conformité à des intérêts qui restent inavouables.»* [1] Pour les premiers, connivence et révérence, pour les seconds, docilité et diminution des coûts.

1. Jacques Le Bohec, *op. cit.*, p. 127.

Exécution sommaire

> *« Ça fonctionne comme dans n'importe quelle entreprise. Si vous voulez influer sur l'école, donnez votre argent au CFJ et vous entrerez au conseil d'administration. »*
>
> Le responsable des première année.

« On est manipulés. » « Comme des petites mains. » « On devient des ouvriers. » Autant de déplorations, qui courent au fil des entretiens. Une colère sourde (et surtout silencieuse), liée à un sentiment de déclassement : à quoi bon Sciences-Po ? A quoi bon un bac +5 ? A quoi bon les concours ? A quoi bon les frais d'inscription ? A quoi bon tout ça ? Pour répondre à des commandes ? Pour se retrouver OS, même du journalisme ? D'où le sentiment que l'école nous méprise, négligeant notre rang scolaire.

Ce mauvais procès, je l'ai intenté au CFJ. Mauvais, car le Centre nous adapte simplement au marché de l'emploi. Ainsi décrit par des journalistes : *« Le CDD, c'est quelqu'un qui va exécuter sans broncher... il faut dire le plus souvent "amen" à tous les sujets... Le CDD, il faut qu'il soit un bon exécutant... le CDD doit être gentil avec tout le monde. Dire "oui monsieur", "bonjour", "au revoir", "est-ce que vous avez besoin de moi ?"... Le* CDD *cire les pompes, sans aucun pouvoir.* » [1] Encore plus clair, un délégué SNJ-CGT me conseillera : « *Quand t'es* CDD, *un, tu fermes ta gueule. Deux, tu fermes ta gueule. Trois, tu fermes ta gueule.* »

Munis de diplômes (plus ou moins prestigieux), ce rôle d'exécutant nous chagrine. On se rangerait plus volontiers dans la classe des décideurs – que nous rejoindrons peut-être à terme. Dès lors, faire de nous des bons petits soldats, discrets et dociles, assez inexistants pour franchir le cap des un ou deux ans de CDD, cette mission (nécessaire mais ingrate) réclame du Centre de constants efforts.

Pour *Combat*, la rédaction en chef imposait (d'avance et à distance) les papiers, sans négliger les angles : « *Je devais faire un article sur les handicapés. Michel Schifres me demande : comment un maire d'arrondissement peut arranger le quartier ? Je vais voir le responsable de l'association qui me dit, en gros : "Il ne s'agit pas du maire, c'est toute la société..." Tant pis, il fallait que j'entre dans le prisme : ils m'ont fait interroger tous les candidats pour qu'ils expliquent leur programme sur les handicapés...* » (Maud.)

Après trois mois de frictions, j'exécutais à mon tour, lancé dans une course à la médiocrité, mi-amusée, mi-masochiste. « *Bains de foule, poignées de main, accolades, revues militaires. C'est un chef d'Etat en précampagne qui...* » C'est ainsi que je démarrais, désinvolte, mon commentaire sur une virée

1. Citations relevées dans *Journalistes précaires*, *op. cit.*, pp. 147, 149, 177, 311 et 313.

chiraquienne en province. Le lendemain, Tony Blair paradait à l'écran et je recyclais mon laïus : *« Bains de foule, poignées de main, accolades, séances photos, sourires toutes dents dehors, c'est un Premier ministre en campagne qui... »* Notre intervenant apprécia : *« C'est très bien. Ton texte est parfaitement calé sur l'image. Ton attaque est tonique sauf, peut-être "toutes dents dehors", est-ce que ça n'est pas un peu... Est-ce qu'un journaliste peut se permettre ça ? »*

Myriam, elle, n'avait pas (encore) baissé pavillon. Sur les mêmes séquences, chiffres à l'appui, elle examina le bilan de Tony Blair : analphabétisme, trains qui déraillent, tuberculose... Une apocalypse qui contrastait artistiquement avec ce pétillant n° 1 britannique enlaçant une ado, posant pour la photo, serrant des mains à tour de bras... *« Les images ne sont pas faites pour ça. Il faudrait un sujet plus sérieux. Là, ce qu'on attend, c'est un homme à qui tout réussit, qui surfe sur les sondages... Tu as encore de gros progrès à faire. »* Ce professionnel avait, bien sûr, *techniquement* raison : muni d'une série de clichés, le bon journaliste se borne à caler son texte sur l'image.

« On finit par se vivre au second degré. On fait des papiers, mais avec détachement. Comme si, au fond, ce n'était pas vraiment nous qui les écrivions. » (Maud.) *« Il y en a plein, je trouve, dans leur comportement, un parallèle avec les enfants doués très tôt dans leur activité, au piano, à la flûte... Ils ont des réflexes acquis très jeunes, de façon impersonnelle. On apprend en deux ans à fonctionner comme des mecs qui ont vingt-cinq ans d'expérience. »* (Samuel.) Se

développe, au fil de l'année, une mécanique. Nous tapotons sur nos claviers des articles, à nos yeux sans intérêt, truffés de formules automatiques. Une dépersonnalisation de l'homme et de son travail qui répond à l'idéal de bon technicien.

Contre ce processus, à chacun sa résistance. L'anonymat : *« Je ne signe plus mes articles. Je ne me reconnais pas du tout dedans. »* (Carole.) La désertion du *Combat* : *« Ils m'ont dégoûté. J'ai demandé à être muté en* SR*. Je corrigerai juste. »* (Maxime.) Et le même constat pour tous : *« Soit tu te résignes à faire des trucs de merde, soit tu t'exclus toi-même. Maintenant, je vais me résigner. C'est comme s'il y avait un dépucelage à faire, comme s'il fallait se soumettre... »* (Sabine.)

S'opère lentement une déresponsabilisation de l'écriture. Si nous écrivons de la merde, ce n'est plus seulement la nôtre. C'est un peu celle de l'AFP, que l'on a recopiée. C'est aussi celle de la hiérarchie, qui a imposé sa décision. C'est surtout celle du lecteur, dont on a devancé les goûts. Ce ne sont plus nos mots mais ceux du corps social, qui s'exprime à travers nous. Ceux du système économique qui, par l'impératif de vente, par le manque de temps, par la concurrence à imiter, contraint nos choix.

« On s'en fout, ricanera un journaliste de France 2. *L'important, c'est de bien baiser. »* Alors que la vie dans les rédactions relève du paisible purgatoire, l'hédonisme sert de soupape. *« On fait 99 % de caca,* s'insurge Sébastien K., employé de Radio France. *On est pris par le temps, il faut qu'on fasse trois – on a une production journalière – donc*

trois, quatre, cinq reportages par jour. Donc, plus on a de reportages moins on peut voir le dessous des choses.» Lui rêve de bifurquer vers *Le Monde diplomatique* ou le documentaire, avant de conclure : *«La profession n'est pas tout pour moi, c'est-à-dire que, moi, bon, j'aime bien rencontrer des amis, boire un coup ensemble, voyager, aller à la mer, faire de la montagne, marcher, voilà. D'ailleurs, pour moi, c'est ça la vie, le boulot quand même est [secondaire]...»*[1]

Dès l'école, en dépit des injonctions, le journalisme est relégué parmi les prosaïques gagne-pain, alors que cinéma, musique, photo, etc., demeurent nos véritables passions. *«La presse, ça n'est pas ma vie. Juste un boulot.»* Elise continuera de militer parmi les féministes – tout en bossant au *Figaro*. Benoît se bâtit une culture anar – tandis qu'il maquette la rubrique «culture» de *Libération*. Samuel rédige un essai libertaire sur le contre-sommet de Gênes – et met en page le quotidien catholique *La Croix*.

Ainsi introduit-on une césure chez l'individu : d'un côté, la personne privée – qui peut se préoccuper du tiers-monde, du sort des détenus, de l'inégalité des chances. De l'autre le bon professionnel – qui laisse ses convictions au vestiaire (quand il en a) et enchaîne les sujets sur un tournoi de bridge, les plaques de chocolat, la croustillance des baguettes. Comme si ces reportages ne nous concernaient pas, nous engageaient encore moins. Avec un j'm'en-foutisme, feint ou non, comme arme contre le dégoût de soi.

---

1. Sébastien K., *in La Misère du Monde*, sous la direction de Pierre Bourdieu, collection *Libre examen*, Le Seuil, 1993, p. 732.

Qu'un exécutant déroge à son statut, se mêle d'un contenu qui ne le regarde pas, et on le renvoie fissa dans les cordes – ou devant un conseil pédagogique. Ainsi de Myriam. *Chef de la rubrique "société"*, elle s'était cru autorisée à défendre ses préférences. Elle écopa aussitôt d'une réserve sur son UV journal mural pour *« mauvaise qualité d'écoute »*. Quant à Sylviane – qui s'était opposée à une nouvelle une footballophile –, un passage en conseil de discipline viendra à bout de son *« opiniâtreté »*.

Que l'école du contre-pouvoir ne tolère pas le dissensus, ce constat en révoltait certains, dont moi[1]. A tort. Car mieux vaut être préparé à l'intransigeance des rédactions, où aucun désaccord n'est admis, même minime. Exemple : dans une station de France 3-région, un présentateur renâcle à lancer un sujet ? *« Le rédacteur en chef adjoint lui a dit : "Qu'est-ce qu'il y a ? Tu veux être muté à Saint-Pierre et Miquelon ?" »*[2] Autre anecdote, dans le même bureau : *« On me dit : "Fais le portrait d'un RMIste..." Je dis : "Ecoute, moi ça me paraît un petit peu court quand même... il me faudrait un peu de temps pour trouver les RMIstes." [...] Je savais qu'il y avait moyen de faire un sujet, mais autrement, pas le matin pour le soir. Il fallait me laisser deux jours. »* Cette mini-mini-incartade vaudra au contestataire une mise à l'écart : *« On me l'a fait*

1. Une exception au régime des brimades : à mon égard, le directeur a fait preuve d'une extrême tolérance, m'obtenant presque un statut de « chouchou grande gueule ». Comme si j'étais hors jeu, qu'on ne pouvait plus espérer ma rédemption. Comme si, également, assumer pleinement un discours combatif rendait moins vulnérable. Je le répète ici : à l'inverse de nombreux camarades, je n'ai pas souffert de la moindre humiliation.

2. *In* Alain Accardo, *Journalistes précaires*, *op. cit.*, p. 313.

payer, parce que pendant x semaines, voire x mois, j'ai été privé de contacts.» [1]

Même topo à Radio France Internationale. Là, un chroniqueur régulier (mais pigiste) se voit reprocher des entretiens «*pas assez "people"*». De mauvaise grâce, Edmond se décide donc à «*courber l'échine et à faire comme [on lui] disait*» [2]. Une bonne volonté guère récompensée. Alors que l'émission est supprimée, son supérieur le lâche : « *"Ne crois pas que je vais te soutenir pour que tu trouves du boulot, que tu restes dans la maison", parce que j'avais encore fait une interview qui n'était pas assez* Paris-Match. » Retour à la case départ et à l'ANPE…

«*Silence dans les rangs, loi du silence, telles étaient les règles implicites que tout nouvel arrivant devait respecter s'il voulait intégrer la rédaction avec tact.*» [3] Ce portrait du *Figaro* par son ancien rédacteur en chef vaut pour bien d'autres journaux. Et *a fortiori* pour le CFJ : intérioriser cette loi, c'est s'assurer une paisible carrière.

Au terme de notre scolarité, des résultats miraculeux sont obtenus – comme en témoigne ce récit édifiant, publié par

---

1. *Ibid.*, p. 311.
2. «*Ç'a été compliqué d'avoir cette interview [du directeur de la FAO], il a fallu des mois parce que jamais il n'acceptait. Finalement, à force de convaincre les mecs, j'ai eu l'interview. Ils ont réservé un studio là-bas, à Rome. […] Et j'ai été obligé de faire une interview sur la pluie et le beau temps ! "Qu'est-ce que vous faites à Rome ? Est-ce que vous sortez avec vos enfants, machin, vous êtes un papa-gâteau, papa-machin", j'ai été obligé de faire ça ! C'est-à-dire que les questions m'ont été imposées.*» *Ibid.*, p. 276.
3. Bernard Morrot, *France, ta presse fout le camp !*, L'Archipel, 2000, p. 63.

CFJ-*Notre journal.* Un ancien du Centre revient à la « maison », pour discuter avec la promotion (« Bisounours ») sortante : *« Pas de grandes envolées sur la déontologie et autres départements philosophiques,* remarque ce visiteur. *Pas plus de considérations intergalactiques sur la stratégie finaude des groupes de presse (on aurait connu ça dans un autrefois pas si lointain). Ces étudiants-là s'intéressent à leur métier, tout simplement. Ils veulent se faire une place au soleil revenu. Selon l'ambition et les talents de chacun. [...] Avouons-le franchement, il fut question de choses peu glorieuses, telles que la négociation du premier salaire, le cadre de vie professionnel, l'atmosphère de travail, les petits trucs qui permettent, en définitive, de savoir en temps voulu à quelle entreprise on a affaire. »* Et de conclure : *« Avis qui n'engage que l'auteur : le* CFJ *nouveau n'a vraiment pas à rougir de sa politique de recrutement. »*

Des élèves vraiment parfaits, on le comprend. Pragmatiques. Réalistes. Qui s'intéressent à leur métier, tout simplement, autant dire à leur salaire, à leur cadre de vie, aux offres d'embauche. Ils ne demandent qu'à se faire une place au soleil, et à la garder, dans les médias tels qu'ils sont. Ils n'attendent qu'un peu d'avancement, au vu de leur diplôme et de leurs ambitions. Des employés modèles, quoi. Pas dérangeants, peu soucieux de la ligne ou du contenu, qui espèrent juste une petite augmentation et une rapide escalade des échelons.

Autant de préoccupations qui prouvent la qualité du recrutement. Et de la formation…

FINALEMENT AU FOND LE JOURNALISME C'EST QUOI ?
C'EST JUSTE ALIMENTAIRE...

« Comment annoncer avec ménagement à un journaliste, se demande Serge Halimi, *qu'il dispose d'à peine plus de pouvoir sur l'information qu'une caissière de supermarché sur la stratégie commerciale de son employeur ? Tant de stages, tant de précarité, tant de contrats à durée déterminée pour en arriver là : on se rêvait l'héritier de Bob Woodward, on est le tâcheron de Martin Bouygues. »* [1] Au moins, le CFJ joue carte sur tables : nous serons les tâcherons de Bouygues, de Lagardère, ou de Colombani. On nous l'annonce sans ménagement. On nous l'enseigne quotidiennement.

Dès l'école, nous ne disposons d'aucun pouvoir sur la pédagogie. Jamais les enseignants ne nous interrogent sur nos souhaits, jamais ils n'infléchissent d'un iota leur programme, nous regardant tantôt comme de passifs consommateurs de cours, tantôt comme de serviables exécutants – et dans cette apathie, nous trouvons notre confort. Ces mêmes profs, il est vrai, ne font qu'obéir, eux aussi, à un plan biennal dressé en haut lieu : *« La doctrine du CFJ,* se défendait notre responsable, *elle est établie là-haut. Elle dépend du CA et de la direction. Nous ne sommes pas le pouvoir décisionnaire. »* Un conseil d'administration où ne siège ni un étudiant, ni un enseignant, ni un syndicaliste. Seulement les mécènes bienfaiteurs du Centre, dirigeants de TF1, France 2, Canal+…

Discuter malgré tout, réclamer d'être associé aux décisions, c'est se voir étiqueter « gauchiste » : *« Cette école ne fonctionne pas à l'autogestion. Quand on voudra votre avis, on vous le demandera,* assène le directeur. *En attendant,*

1. Serge Halimi, *op. cit.*, p. 13.

il y a des élèves, il y a une direction, chacun sa place.» On revient à la charge? Notre responsable enfonce le clou : *«De toute façon, quand vous serez dans un canard, vous n'aurez pas non plus le choix.»* On s'acharne et prononce le mot sacrilège : concertation? Le même se met en boule : *«Ça fonctionne comme dans n'importe quelle entreprise. Si vous voulez influer sur l'école, donnez votre argent au* CFJ *et vous entrerez au conseil d'administration.»*

Les choses sont claires : autant s'habituer, dès l'école, à n'être que des salariés dociles (mais bien payés) entre les mains des actionnaires décideurs. Autant se résigner, dès aujourd'hui, à voir les oukases tomber d'un conseil d'administration tout-puissant, dans ce *«métier où l'on ne vote pas»*. Ainsi nous invite-t-on, au-delà du Centre, au-delà même de la presse, à accepter l'ordre du monde : l'argent décide.

Robert Namias – directeur de l'information sur la Une – lançait, narquois : *«Vous verrez, TF1, vous y viendrez un jour!»* Seuls quelques-uns, certes, frapperont à sa tour de Boulogne. Mais en esprit, nous y sommes déjà. *«Avant, je vivais la télé non pas comme une simple profession mais comme une démarche citoyenne,* résume un salarié de la chaîne. *Etre journaliste, c'est avoir un droit de vote : je suis pour ou contre la direction, pour ou contre les choix éditoriaux, etc. Foutaises! On s'est tous professionnalisés, en ce sens que TF 1 est devenue une entreprise comme une autre.»* [1]

1. Christophe Nick et Pierre Péan, *op. cit.*, p. 504.

C'est bien ce que le Centre enseigne : à se professionnaliser, à oublier toute démarche citoyenne et son droit de vote avec, à n'émettre aucun avis sur les choix éditoriaux, afin de n'être *« plus qu'un rouage d'une superbe usine à fabriquer de l'information »*. [1]

1. *Ibid.*, p. 496.

Un acquis

A défaut d'actu, en plein été, *Libération* avait commandé un sondage sur les organismes génétiquement modifiés. A mon bureau, chef de service et rédacteur en chef discutaient du traitement. Jusqu'à cette trouvaille :

Réd chef, à mon adresse : *« Tu vas aller à la sortie d'un supermarché et tu demanderas aux gens ce qu'ils pensent du maïs transgénique... »*

Moi, timidement : *« Franchement, non, je ne préfère pas. »*

Réd chef, stupéfait, se tournant vers son collègue : *« C'est qui, celui-là ? »*

Chef de service, un peu gêné : *« Euh... C'est un étudiant. Il fait un canard pas mal à Amiens... »*

Moi, poursuivant sur ma lancée : *« Le micro-trottoir, c'est vraiment le degré zéro du journalisme. On se croirait au 13 heures de Pernaut. »*

Interdits, ils échangèrent un regard et reprirent leur conciliabule.

Mon refus ne fut pas vain : à la place d'une sortie de supermarché, j'ai décrit la législation sur les OGM et retracé son histoire depuis 1986. Cet exercice me réclama bien davantage de recherches, et tant mieux : en stage dans une publication dite de qualité, je souhaitais, avant tout, produire un contenu honnête.

Cette réaction, à l'époque, m'avait semblé naturelle.

Non pas celle d'un râleur, mais simplement d'un apprenti journaliste consciencieux : puisque j'allais écrire cet article et le signer, autant que je l'assume. Aujourd'hui, pourtant, je comprends la stupeur du rédacteur en chef, son : *«C'est qui, celui-là?»* D'où venais-je pour ne pas dire amen à tous les sujets? Sans le savoir, je frôlais l'insolence.

Cette erreur, je ne la commettrais plus. Grâce à mes deux années au Centre, où j'ai d'abord appris la prudence : la liberté dans les entreprises de presse n'existe pas. Surtout, j'ai appris à mépriser les mots. Les miens. A les traiter avec désinvolture. A pondre vite et mal de creux descriptifs d'associations, des comptes rendus de brocante insipides, des petites phrases de politiciens faussement assassines... J'ai tant multiplié les micro-trottoirs, pourquoi un de plus sur les OGM me gênerait?

Encore un peu et je ressemblerai à ces requins dénoncés par Grégoire : *«Ils sortent des écoles. A l'origine, je suis persuadé qu'ils ont la même énergie que moi, le même dynamisme, le même ton, le même style. Mais quand ils arrivent dans un journal, on leur dit : "Il faut être comme ça" et eux, directement, ils se glissent dans le moule.»* [1]

1. *In* Alain Accardo, *Journalistes précaires, op. cit.*, p. 148.

CONCLUSION

UN ROUAGE DU CONSENTEMENT

« Ça ne me gêne pas que le CFJ *formate ses élèves pour que, très vite, ils trouvent un emploi. »*

Un ancien élève, journaliste à France Inter puis à France Culture, dans *CFJ-Notre journal.*

Des automatismes qui tiennent lieu d'écriture, du vide à produire vite et sur commande, un lectorat (fictif) dont on devance les attentes, des réflexes qui remplacent toute réflexion, l'obéissance comme première qualité professionnelle, jusqu'à obtenir de bons petits soldats : voilà l'enseignement distillé dans cette école d'excellence, la meilleure de France ou d'Europe, formant l'élite du journalisme. Faut-il s'en étonner et dénoncer une imposture ?

Au contraire : si le CFJ a si bonne réputation, c'est qu'il fabrique des journalistes-techniciens à même de produire une information-marchandise qui alimente l'industrie de la presse. Un solide rouage dans l'industrie du consentement. Tandis que ses étudiants – futurs professionnels, cadres probables – acceptent bon gré mal gré le rôle qu'on leur confie.

UN ETABLISSEMENT DANS L'ESTABLISHMENT

Adoubant des journalistes bien cotés, qui siégeront à des postes influents dans les médias influents, l'école détermine, certes, en partie, ce que sont et seront les médias. Mais surtout, réciproquement, les médias pèsent sur l'école : comme s'en vante le bulletin interne, le Centre se conforme aux *« besoins des recruteurs »*, trouve *« une solution à l'inadéquation de l'offre et de la demande »*, sait *« répondre aux évolutions du marché »* et aux *« nouvelles demandes des entreprises »*[1], *« adapte de façon permanente l'enseignement aux besoins de la profession et des médias »*[2], *« fixe une politique en rapport avec un environnement média en évolution constante »*[3] afin de *« livrer des étudiants "clés en main" »*, *« prêts à l'emploi »*[4], *« polyvalents et immédiatement opérationnels »*.[5] Malgré ces efforts pour coller au marché, le président des anciens prend sa plume la plus solennelle et regrette des déviances : *« L'"offre" du CFJ correspond-elle à la demande des entreprises de presse ? Ayons l'honnêteté de le*

1. *CFJ-Notre journal*, n°s 53 et 54.
2. Tribune parue dans *Le Figaro*, 5 septembre 2002.
3. *Ibid.*
4. Jean-Marie Charon, *in Imprimatur*, septembre 2001.
5. *Pour devenir journaliste*, *L'Etudiant*, *op. cit.*, p. 118.

dire : pas suffisamment. »[1] Et l'un de ses camarades assène la doctrine : « *Ça ne me gêne pas que le* CFJ *formate ses élèves pour que, très vite, ils trouvent un emploi.* »[2]

Cette logique économique perce, bien sûr, dans notre ton France Info, dans nos imitations du *Parisien*, dans nos reportages mitonnés à la sauce LCI. Elle se découvre, également, dans notre obsession de l'Audimat, dans nos sujets passe-partout conçus pour plaire à madame Michu et ne déplaire à aucun monsieur Tout-le-Monde. Elle s'aperçoit aussi dans nos valeurs, amorales, où prime le souci d'efficacité et de rendement. Elle triomphe, enfin, avec des cours de marketing et de gestion des médias qui éclipsent largement la culture générale.

Au fil des années 1980 et 1990, cet économisme a imprégné toutes les formations au journalisme. Mais c'est plus flagrant encore au CFJ, qui est allé plus loin et plus vite dans son adaptation au marché. Un virage libéral sans artifice, bien plus radical qu'à l'ESJ de Lille ou à l'IUT de Bordeaux, que des circonstances historiques expliquent.

Depuis sa fondation, le Centre était gouverné paritairement. Une moitié de syndicalistes, une autre de patrons. Mais au printemps 1998, c'est la Bérézina. Le dépôt de bilan. Deux solutions s'affrontent alors : un partenariat avec l'Etat, comme le recommande Jean-Guy Gourson, alors directeur des études, ou une privatisation de fait, comme le souhaitent « *les pirates* », une douzaine d'anciens « *motivés par l'aventure* ».

1. CFJ-*Notre journal*, n° 50, février 2000.
2. CFJ-*Notre journal*, n° 48, juin 1999.

Ces derniers l'emportent, obtiennent des aides de Canal+, RMC, *La Vie du rail*, TF1, Bayard Presse, France 2, France 3, *Le Nouvel Observateur*, Hachette, Havas… Sept millions de francs au total.

Déjà, les employeurs contrôlaient largement la formation. Par la taxe d'apprentissage, notamment, qu'ils choisissaient de verser ou non à l'école. Par l'admission des élèves, siégeant dans les jurys d'entrée. Par le recrutement dans leur équipe des nouveaux diplômés, surtout. Désormais, ils décideront directement de la pédagogie, pénétrant massivement le conseil d'administration. Dans le collège des entreprises donatrices, bien sûr, *Le Monde*, TF1, Havas, France 3, *Le Midi libre*, l'agence Capa. Mais également, parmi les fondateurs ou les amis de la maison, Jérôme Seydoux (PDG de Pathé-Chargeurs et actionnaire de *Libération*), Vincent Lalu (président de *La Vie du rail*), Jean-Michel Bloch-Lainé (ex-président de la banque Worms), Pierre Feydel (directeur de *L'Usine nouvelle*), Pierre Lescure (alors PDG de Canal+, qui devient président du Groupe CFPJ). Quant aux syndicats, eux, ils ont complètement disparu…

Avec un trou de 2,3 millions d'euros à combler, entamant un second tour de table au printemps 2002, au bord de la banqueroute en septembre, le CFPJ doit sans cesse cajoler les grands patrons – patrons de presse d'abord, puis patrons tout court : *« Pour boucler son budget,* remarquait *Libération, la direction de l'école a décidé de draguer les grandes sociétés industrielles et financières. Au nom de la citoyenneté et de la nécessité pour une démocratie d'avoir une presse de qualité, elles sont invitées à sauver le Groupe CFPJ.*

Les patrons d'Entreprise et cité, le club de Claude Bébéar (Axa), censés être réceptifs à ce message, sont systématiquement courtisés. »[1]

Miracle de la dialectique, plus les liens avec ces firmes se resserrent, plus « l'indépendance » est assurée. La directrice du Groupe CFPJ notait ainsi : *« Pour être indépendant et garder le cap du CFJ, il faut s'en donner les moyens. [...] Ce combat, trente médias et groupes de médias – privés et publics – l'ont mené auprès du CFPJ en le "dotant".* » Et d'ajouter, plus loi : *« CFJ-demain, l'association de reprise du CFPJ, a pu rétablir la marque et relancer la maison. En toute indépendance.* »

En toute indépendance, on invite donc les patrons au 35, rue du Louvre. On leur accorde des leçons inaugurales sur une estrade. On applaudit bien fort ces intellectuels fortunés. On espère une obole en retour, qu'ils accorderont si on reste sage. Comme l'ironisera Pierre Lescure : *« Avec Jérôme Seydoux, je fais le tour des popotes pour trouver des patates.* »

Une anecdote illustre clairement cette vassalité. En décembre 2000, Robert Namias, directeur de l'information à TF1, vient brandir l'étendard de sa boîte, certifie que *« la Une, c'est la France, c'est la voix de la France »*, décrit Jean-Pierre Pernaut comme *« un modèle de vrai, de bon journalisme, au contact du terrain »*. Et quitte la salle, outré que l'on ose des critiques sur *« une chaîne qui rassemble vingt millions de téléspectateurs »*...

---

1. *Libération*, 16 septembre 2002.

Le lendemain, le même appelle la directrice du Groupe CFPJ : « *TF1 lâchera votre école,* peste-t-il en substance, *si vous ne calmez pas vos petits gauchistes.* » Six mois plus tard, lors de l'assemblée générale, la promesse est tenue : « *Robert Namias a fait savoir qu'il ne souhaitait pas renouveler le mandat de TF1.* »[1] Un an plus tôt, pourtant, cette AG se déroulait chez Bouygues et les anciens adressaient « *un grand merci à TF1 et à Robert Namias pour l'excellence de l'accueil qui [leur] a été réservé* »[2]. Entre-temps, il a suffi que des élèves raillent, mollement, le « *retour à la terre* » prôné par un présentateur du 13 heures… C'est dire la dépendance du Centre à l'égard de ses généreux bienfaiteurs.

Heureusement, cette année-là, une modeste recrue versera son aumône : Vivendi Universal Publishing. « *Quand Messier m'a fait le chèque,* racontera la directrice du Groupe CFPJ, *je l'aurais embrassé. Lui, c'était bon pour son image, et nous pour nos finances.* » En revanche, J6M n'a rien fait pour les deux étudiantes en « spé-télé » restées sur le carreau, « *toujours pas placées* » en septembre 2001. C'est que TF 1 n'avait enrôlé personne cet été-là : sûrement notre formation s'était-elle, soudain, dégradée.

Dans la trajectoire du Centre, la faillite de 1998 a permis une rupture, bien plus profonde que les seuls changements au conseil d'administration. Les gardiens du temple furent limogés. L'équipe enseignante liquidée. Du passé, on fit

1. CFJ-*Notre journal*, septembre 2001.
2. CFJ-*Notre journal*, septembre 2000.

méticuleusement table rase, supprimant même les archives du lieu. Si bien que les traditions et leurs dépositaires n'étaient plus là pour freiner l'ascension de l'argent roi.

Cette révolution libérale se perçoit dans la pédagogie. Dans le lieu, avec une bibliothèque rayée des murs. Dans une hausse vertigineuse des frais d'inscription – multipliés par 2,3 en cinq ans. Et jusque dans le vocabulaire : le CFPJ est devenu le *Groupe* CFPJ. A l'entrée, une affichette ne parle plus de l'école mais de *« l'accès à l'entreprise »*. Quant à notre directrice, elle clame fièrement : *« La maison mère, qu'entre nous on appelle holding... »*

Aux Murdoch et Cie, Danièle Granet n'a pas emprunté que le lexique, mais aussi les ambitions : *« On étudie, en ce moment, comment se tourner à plein vers le management. » « Notre idée, c'est de réconcilier journalisme et esprit d'entreprise. » « La SA, on souhaite qu'elle devienne énorme. On veut en faire quelque chose de lourd, de fort, de numéro un. »*

A cette fin, *« le CFJ, c'est la marque »*. Cinquante élèves *« au top du top »*, qui servent de vitrine. Afin d'attirer, chaque année, quelque cinq mille cinq cents apprentis, stagiaires ou professionnels vers *« la branche commerciale, le secteur "perfectionnement" »*. En clair, *« le succès marchand de la formation permanente passe par la réussite pédagogique de l'école »*.

Avant la crise du Centre, *« les gens manquaient de culture économique »*. S'est donc imposée, parmi les anciens, la personne la plus proche du pôle financier. Pas forcément la plus soucieuse de civisme, de démocratie et autres bla-bla.

Celle qui avait partiellement rompu ses attaches avec le journalisme. Celle qui avait dirigé *Stratégies*, la revue des annonceurs. Celle qui avait communiqué pour une banque, le Crédit agricole. Celle qui veillait à l'administration du groupe Nova.

« Dans les années 1970, note Danièle Granet, *quand on voyait un mec de la pub, on ne le saluait pas. On changeait de couloir. Il y avait les journalistes et les connards. Aujourd'hui, c'est devenu plus complexe.* » En effet : désormais, les mecs de la pub délivrent leurs leçons dans des écoles de journalisme. Et une ex-fille de com gouverne le Groupe CFPJ..

Voilà l'école du contre-pouvoir, pleinement intégrée au système – économique, notamment. Cherchant davantage, pour sa survie, à servir cet ordre établi qu'à le troubler ou à le renverser. Encore faut-il que les étudiants adhèrent à ce projet.

ET POURTANT, ILS RESTENT...

« Aujourd'hui, se félicite dans *CFJ-Notre journal* une toute fraîche ancienne élève, *la promo 2001 a fait des choix. Télé, "pour le travail d'équipe, pour bouger", radio, "pour l'adrénaline du direct et la puissance du son", Internet, "média aux mille facettes qui offre des débouchés", agence, pour "être à la source et voyager", ou presse écrite, parce que rien ne remplace un papier bien tourné...* »

Ainsi l'auteur explique-t-elle les orientations de ses camarades. Par les modes de vie (*« bouger »*, *« voyager »*). Par l'insertion professionnelle (*« débouchés »*). Par les émotions éprouvées (*« l'adrénaline du direct »*). Les motivations civiques, elles, en revanche, passent à la trappe. Nulle part dans son article la rédactrice ne mentionne : *« Télé, "pour montrer les injustices". Radio, "pour donner la parole à ceux qui ne l'ont jamais". L'hebdo, "pour mettre le palmarès des pires HLM en couverture".* » Non. Si on fait de la presse écrite, c'est juste pour bien tourner ses papiers.

Ce passage reflète l'idéologie du Centre, où tout débat sur la presse et son rôle est évacué. Le fond est négligé pour travailler les chutes, les attaques, les brèves, les accroches. Et le journalisme se réduit à un art frivole du remplissage, où tout se vaut.

Cette frivolité, nous y sommes socialement disposés : bonheur familial, scolarité paisible, logement confortable, revenus aisés, vernis culturel hérité... voilà qui n'incline guère à la révolte. Ou même à l'inquiétude. Quoi de plus inoffensif pour le système ? On donne la parole à ceux qui n'ont rien à dire – et qui pourront donc écrire sur tout. Qui n'énonceront aucune vérité dangereuse – ou alors seulement par inadvertance. Qui n'ont aucune bataille à mener, avec les phrases comme premières pierres.

Dès l'entrée, la sélection favorise ce profil. Le gros du bataillon (plus ou moins un tiers) est enrôlé à Sciences-Po, où l'on a *« ajusté certains des enseignements pour les concours de journalisme »*[1]. Sans compter une filière à part,

1. Patrick Champagne, *in Imprimatur*, septembre 2001. C'est vrai également pour l'autre grande école de journalisme, l'ESJ de Lille, où *« le pourcentage des anciens élèves d'IEP (Paris et Province) parmi les admis est passé entre 1985 et 1995 de 20 % à 56,8 % »*. Dominique Marchetti, *in L'Ere du soupçon*, éditions 25 images/seconde, 1999, p. 65.

une passerelle spéciale qui mène directement à la seconde et dernière année du CFJ. Comme quoi l'école du pouvoir fournit aussi les cadres du contre-pouvoir…

Derrière Sciences-Po, ses petits frères de province : les instituts d'études politiques de Bordeaux, Marseille, Lille, Strasbourg, etc., autre *« voie royale pour réussir les concours »*[1]. Les exigences scolaires sont voisines. Les références culturelles, identiques. Les épreuves d'entrée (cartographie, questionnaire d'actualité, dissertation sur l'état de la France) similaires. L'historien René Rémond illustre bien cette proximité : c'est lui qui préside à la fois le jury du CFJ et la fédération des IEP.

Résultat : *« L'effet de ce cursus est de propulser vers les postes stratégiques du journalisme français une population aux profils peu variés »*, *« proche des élites politiques et économiques »*, sans *« expérience d'autres mondes sociaux »*[2]. Car la mixité sociale, elle non plus, n'est guère au rendez-vous. Cinquante-quatre élèves qui se ressemblent, enfants de profs, de médecins, de magistrats, d'ingénieurs, de commerciaux, etc., rejetons des classes moyennes, pour qui se tourner vers le journalisme, c'est déjà une aventure. Plus artiste que l'enseignement. Plus bohème, sauf exception, que les métiers de nos parents. Le diplôme du CFJ rassure la famille et ouvre la porte à une ascension bien visible.

---

1. Erik Neveu, *op. cit.*, p. 23.
2. *Ibid.*, p. 23.

1898
J'ACCUSE!!!
2002
EUH...

Pourquoi devient-on journaliste, nous qui ne portons aucun message ? Certes, c'est que la légende des grands reporters opère son charme et masque l'autre versant de ce miroir aux alouettes : de banals employés de bureau. Mais au-delà de cette imagerie, pourquoi se tourne-t-on vers cette profession ? Clairement, bien moins pour remplir une (modeste) mission que pour conquérir une position (pas trop modeste, si possible).

Seule cette aspiration incline à ne pas déserter, malgré les heures creuses et les corvées formatées. Une tension que Sabine – boursière – décrit bien : *« Je suis consciente d'être une privilégiée. Pendant deux ans, je me suis battue pour arriver là. Ma mère vit seule, elle a fait des sacrifices pour que je rentre ici. Je suis passée par une prépa à Ipésup où j'ai laissé 7000 francs. Et je vis sur un mensonge : comment avouer, chez moi, la médiocrité de ce qu'on nous fait faire ? Enfin, même si on n'apprend pas grand-chose, "CFJ" sur les CV, c'est utile. Ça fournit les réseaux. Si tu n'as pas de bons réseaux, tu n'as pas de stage, tu ne deviens jamais CDD. »*

Désormais, nul n'ignore l'artifice : l'école reine est nue. Son enseignement, intellectuel ou théorique, confine au néant. Son apprentissage, pratique et technique, est infime. Le CFJ demeure néanmoins un bureau de placement efficace, grâce à la solidarité entre anciens et futurs anciens : *« On est une "mafia"*, s'amuse un responsable. *Le CFJ, c'est une mafia. »* [1]

---

1. *In* Dominique Marchetti, *Les Ajustements du marché scolaire au marché du travail journalistique*, *Hermès*, n° 35, hiver 2002.

Privilégiée : comment mieux exprimer notre anoblissement ? Une consécration à double *titre* : d'abord, en devenant journaliste – un état envié qui nous place pas trop loin du sommet de la pyramide sociale. Ensuite, en passant par le 35, rue du Louvre – un diplôme réservé à l'élite, qui marque notre excellence. Nous formons une aristocratie.

Glorieusement adoubé, après quinze années d'abnégation studieuse, qui se précipiterait pour démasquer ce mensonge ? Autant scier la branche – assez élevée – sur laquelle nous venons à peine de nous asseoir… Pire : en dénonçant ce mythe collectif, nous détruirions nos maigres réseaux. Nous perdrions notre banque de capital social. Et notre seule richesse s'envolerait, à nous qui sommes dépourvus de relations ou de connaissances – à qui un piston dans la presse n'a pu épargner ce laborieux passage au CFJ. Enfin, mieux vaut ne pas briser l'image (positive) que l'on se fait de soi et que les autres se font de nous : un métier intelligent… un établissement prestigieux… nous avons réussi… Notre vie repose sur ces leurres. Qu'on les dissipe et s'amorce notre déchéance.

Nous avons donc intérêt au silence. Malgré la haine contre le Centre parfois, malgré le ressentiment souvent, on reste et on se tait. Une formation de qualité dans une école d'excellence pour la fine fleur du contre-pouvoir ? Les plus lucides ricanent. Juste des tâches répétitives pour les OS des médias. Mais ces évidences, on se les garde pour soi. Ou on les livre, comme des confidences, à des camarades qui connaissent le même désarroi.

Cette ambivalence, bien sûr, ne m'est pas étrangère : moi aussi, je suis resté. Et je crache dans une soupe que j'ai trouvée amère, certes, mais que j'ai avalée jusqu'à la dernière goutte. Pourquoi ce paradoxe ? A cause de la pression familiale, sûrement, de ma mère trop heureuse de voir son fils *« s'en sortir »*, elle qui répétait chaque dimanche : *« Non, François, tu ne peux pas faire ça. Tu ne peux pas arrêter l'école. »* Probablement, aussi, n'ai-je pas voulu abandonner, avec un panache anonyme mais sans contrepartie, un statut plus ou moins chèrement acquis…

S'ARRACHER AU RENONCEMENT

« Ecrite il y a un siècle, cette pièce n'en demeure pas moins d'une brûlante actualité... Dès la première seconde, l'acteur entre pleinement dans la peau du personnage... Un vent de liberté souffle sur la salle et sur les esprits. » Une enseignante jugea ma critique d'une représentation de Pesoa *« trop intello »*. Qu'à cela ne tienne : j'avais remplacé le tout par une somme de poncifs qui suscitèrent un : *« Ah ! Tu vois quand tu veux. »*

Une anecdote tirée du second journal mural. Au cours du premier, j'avais bataillé ferme pour mes papiers. Lutte épuisante, pied à pied, mot à mot, la moindre copie étant relue par le chef de service, un enseignant, un rédacteur en chef adjoint, un secrétaire de rédaction, un directeur, etc., avec des disputailleries à chaque étage. Et de m'interroger, au final : à quoi bon cette dépense d'énergie ? Tous ces mini-conflits pour un bout de feuille accroché à un mur, au fond d'un couloir obscur, survolé par trois pékins ? Lors des productions suivantes, j'avais donc fourni sans broncher.

A quoi bon ? Malgré l'absence de lecteurs, mes efforts initiaux se justifiaient. Juste la volonté, trop vite abandonnée, de maintenir mon intégrité face à l'écriture. Avant l'école, une prise de parole, surtout dans un média, supposait un besoin de dire, sur un sujet qui m'importait, avec des phrases choisies en conscience, puisque je m'exprimais en partie à travers elles. Le Centre nous inculque un mouvement inverse : le détachement. Nos articles ne sont plus porteurs ni d'un regard, ni d'une morale, ni de rien. Juste une production standardisée pour remplir et pour vendre. Cette désinvolture risque de nous consumer : on croit tenir un rôle, on finit par se confondre avec son personnage. Comme *« celui qui joue à être ce qu'il croit être la caricature de ce qu'il devrait être et, par là même, le devient »*. [1]

C'est pour préserver cette intégrité, sûrement, que j'ai rédigé ce livre.

C'est pour cette raison également que je n'ai postulé ni au *Nouvel Obs*, ni à *Libération*, ni au *Monde*. En vingt mois de CFJ, j'ai mieux cerné ma pente : *« Vous voulez des clichés ? Je vais vous en donner ! »* Mes digues cèdent vite : après une poignée de jours, je suivrai le divertissant feuilleton d'une actualité dérisoire. Je répondrai aux commandes de ma hiérarchie, avec j'm'en-foutisme et cynisme. Un état d'esprit désabusé qui domine chez mes non-collègues. D'autres s'accrochent, bataillent pour un sujet hors actu, un dossier social, un angle décalé – mais je n'ai pas cette fibre du résis-

1. Patrick Declerck, *op. cit.*, p. 149.

LA PRESSE EST TOTALEMENT LIBRE...
FAUT JUSTE AVOIR UN BON AVOCAT...
FAUJOUR

tant de l'intérieur. Très rapidement, je collaborerais à l'insignifiance ambiante.

A la place, j'ai hérité d'un emploi-jeune au sein de *Fakir* – le canard amiénois que j'avais lancé. « *Un poste de structure et non de journaliste* », a bien précisé la préfecture. Alors, à titre bénévole, j'écris. Comme salarié, je démarche des distributeurs, mets en page, organise les réunions, épaulé par les membres bénévoles. Je prépare les procès aussi. De ce côté, l'agenda est chargé : la saga avec le premier adjoint se poursuit – lui qui estime désormais, en appel, qu'« *on n'est pas à Paris, ici, on est dans une petite ville de province* »[1] – et un huissier est de nouveau passé jeudi dernier. On a rigolé ensemble, il commence à connaître la maison. Reste que *Le Courrier picard* – via un chef d'agence – a lâché deux torpilles sur notre coque de noix : deux plaintes pour diffamation. Pour avoir usé avec largesse de l'expression « *chien de garde de la mairie* ». A chaque procédure, bien sûr, c'est 15 000 euros qui nous sont réclamés. L'honneur d'un notable picard n'a pas de prix…

Louis-Marie Horeau, du *Canard enchaîné*, nous a apporté son soutien. Christian Duplan, de *Marianne*, aussi. Gilles Balbastre, de nulle part, également. Toujours disponible, Serge Halimi a adressé un courrier, pessimiste et pertinent, aux magistrats : « *Peut-être, dans cette affaire, appartient-il seulement à la justice [...] d'encourager le plaignant à prendre son mal, minime, en patience : la presse tout entière*

1. Soulagement de dernière minute : nous avons finalement gagné ce procès, le 19 décembre 2002.

va se fondre dans le modèle de journalisme qu'il a dans la tête. Bientôt, plus rien ne le troublera. Fakir *ne peut que se fatiguer : les organisations qui exigent de leurs membres courage, sacrifice et temps ne durent pas.* »

La solitude, surtout, fatigue : les coups pleuvent et on se les prend en première ligne. Combien sommes-nous, pourtant, ici et ailleurs, au *Courrier picard* même, à rêver – avec des velléités – à un autre journalisme, moins consensuel et moutonnier, plus imaginatif ? Combien d'autres, bien moins nombreux, à le pratiquer – avec volonté ?

Mais en attendant (quoi ?), nous demeurons silencieux ou dispersés, et laissons le champ presque libre aux médias normalisés, LCIsés. Cet univers se porte bien, malgré le dégoût et l'ennui qu'il inspire à ses producteurs.

L'IRRÉSISTIBLE ASCENSION DE FRANÇOIS RUFFIN...

Glossaire

AFP – Agence France Presse

«Le principal grossiste de l'information d'influence française dans le monde», qui dessert *«mille cent quarante-neuf médias»* à raison de *«quatre cents à six cents dépêches par jour»*[1].

L'AFP, c'est la bible des rédactions. A tel point qu'un reporter de France Bleu en peste : *«C'est nous qui avons découvert le premier cas de vache folle ici. Je vais chez l'agriculteur, le vétérinaire confirme, il nous montre un certificat. Aussitôt, on téléphone à Paris pour leur envoyer un son. Mais non, France Info refuse. Ils attendent leur dépêche! Je suis le salarié de Radio France et ils n'ont pas confiance. Mais en l'AFP, oui.»* D'autant plus rageant que le correspondant de cette agence était un journaliste du *Courrier picard.* Une publication qui n'a, pour le moins, pas une réputation d'infaillibilité...

Qu'importe, d'ailleurs : même quand elle a tort, l'AFP a toujours raison. A Mulhouse, une dépêche annonçait ainsi le siège d'un commissariat par des jeunes. *«Comme elle bossait pour France 3 région, ma copine s'est rendue sur place,* me raconte un ami. *Elle a plutôt découvert un calme relatif et, dans son reportage, elle a démenti la mise à sac. Son sujet est passé tel quel en*

1 Yves Lorelle, *La Presse*, Alphabétique Retz, 1992.

locale. Mais pour le journal national, ils ont repris ses images en plaquant dessus le discours de l'AFP.» Cette frustration s'ajoutant à bien d'autres, cette journaliste vient de démissionner.

L'AFP rend, bien sûr, des services à la presse. Mais elle la pousse aussi à un suicide à feu doux : elle uniformise. Tous abreuvés des mêmes dépêches, les médias y puisent leurs sujets avec paresse – comme l'enseigne le CFJ. Et chacun re-pompe avec un peu de sa sauce, sans grand effort d'imagination. Dès lors, pousser les hauts cris face aux quotidiens gratuits, qui copient-collent les dépêches sans honte, relève de l'injonction moralisante : *«Mais quel autre regard apportez-vous?»*, peut s'interroger le public. Comme le critique Denis Robert, *«à soixante feuillets crachés mécaniquement, sans recul et sans grâce, un journal finit par ressembler à une longue dépêche d'agence. Si des rédacteurs serviles et appliqués donnent du monde la représentation qu'on leur prédigère à l'AFP ou à la télé, cela risque d'user le lecteur. Et, par ricochet, de tuer le journaliste. Pour se maintenir en vie, un journal doit rester sensible, réactif, innervé».*[1]

Alternative (presse)

Voilà du bio petit canard élevé au grain! Face à la léthargie des quotidiens régionaux, des imprimés «poil à gratter» naissent (et meurent) dans les villes de

1. Denis Robert, *Pendant les «affaires», les affaires continuent, op. cit.*, p. 252.

AFP

province. *Libération* vante les mérites du *Pavé* marseillais ou du *Babazouk* niçois. *Télérama* chante les louanges de ces *«francs-tireurs du journalisme»* et recense *La Galipote* (en Auvergne), *La Feuille* (à Villeneuve-sur-Lot), *Le Clairon* (à Lyon), *La Mée socialiste* (à Châteaubriand), *Cuverville* (à Toulon). Et on pourrait ajouter *Le Déchaîné* (à Gouesne), *La Plume* (à Beauvais), *Particules* (à Rennes), etc.

Le médiocre l'emporte bien souvent sur le meilleur : s'y étalent moins des enquêtes (qui réclament de l'énergie et du temps) que des éditos ponctués de *«Nous pointons une nouvelle fois ici une pratique digne d'une république bananière»*. S'y retrouvent copiés-collés, non plus les communiqués des institutions mais ceux des associations. Et l'agenda culturel occupe le gras des pages. Quoi de plus normal? Bénévoles pour la plupart, sans moyens, ces écrivants œuvrent sur leurs soirées. Et servent, malgré eux, d'alibi démocratique.

Zaléa TV, par exemple : qui a regardé cette chaîne émettant «zaléatoirement» en banlieue parisienne? Personne ou si peu. Mais il suffit que ses programmes existent. Il suffit que *Le Monde* puisse en parler. Voilà qui maintiendra une façade de pluralisme, peu menaçante pour l'ordre du monde. Idem pour moi et pour *Fakir*, à Amiens. Un chef d'agence du *Courrier picard* me reprochait : *«Au lieu de nous cartonner, profites-en! Puisqu'on ne dit rien, occupe le créneau.»* Non, car *Fakir* n'est qu'un pis-aller. Au mieux de ses ventes, ce trimestriel informe deux mille acheteurs.

Dérisoire. Et combien de mois encore notre équipe de bénévoles tiendra-t-elle cette publication à bout de bras ? Le mieux qu'on puisse tenter, c'est de dénoncer les travers de la presse dominante, pour la rappeler à ses responsabilités. Pour secouer des *« professionnels »* en léthargie.

Les reporters non-conformes remplissent malgré eux une fonction idéologique, à l'instar d'un Michael Moore que *Télérama* place volontiers à sa une, qui occupe quatre pages centrales dans *Charlie-Hebdo*, que Radio France soutient comme un *« film Inter »*. Et Stéphane Paoli, animateur de la tranche matinale de France Inter, de proclamer : *« C'est un excellent cinéaste... c'est un documentariste de premier ordre... »* Louant l'audace et l'imagination d'exception, ces journalistes s'accaparent ces vertus par procuration – tandis qu'ils poursuivent leur métier avec le même conformisme et la même timidité. Ce que Michael Moore regrettait dans un entretien : *« Au lieu de me flatter, le* New York Times *devrait rougir qu'un saltimbanque comme moi remplisse leur mission. »*

Hermès / informatisation

Ce logiciel, comme ses semblables, offre plusieurs fonctions : l'une de planning, qui permet de centraliser tous les « événements ». L'autre de mise en page, avec des « cartons » (formats) prédéfinis.

L'informatisation, tout en facilitant grandement les tâches, a favorisé la normalisation de la presse, régionale notamment : ici, les agendas individuels, avec une autonomie laissée à chaque rédacteur, sont remplacés par un agenda collectif, tenu par le chef de locale. L'imposition de « cartons » garantit que la longueur des papiers ne dépassera pas les quatre mille signes, avec une photo de rigueur. Par ailleurs, avec cette évolution technologique, les anciens se sont retrouvés « largués » et ont parfois démissionné au profit de jeunes plus éduqués. Enfin, bien souvent, comme à *L'Echo du port*, ce progrès n'a pas conduit à moins de travail mais, au contraire, à davantage : ce sont désormais les rédacteurs qui, à tour de rôle, en PQR, assurent le maquettage de leurs pages – alors qu'auparavant, des techniciens ou les ouvriers du livre s'en chargeaient. Voilà qui, avant tout, a permis une *« contraction de la masse salariale »* sans un bénéfice éditorial évident.

JRI – Journaliste reporter d'images

En clair, cameraman. Depuis l'arrivée, notamment, de LCI et i-TV, le JRI travaille seul. De plus en plus seul. Sans porteur de micro ni rédacteur. Il filme, rédige le commentaire, monte le reportage et – s'il est loin de sa base – envoie les séquences à partir d'une borne faisceau (ou de son camion).

Au CFJ, les élèves aux origines les plus modestes – les boursiers, entre autres – se tournent fréquemment vers cette section. Deux causes à cela : un moindre mépris, peut-être, à l'égard de la télé (*« Je n'ai jamais lu un livre en entier de ma vie,* confessait Arnaud. *Par contre, j'ai bouffé toutes les émissions de reportages, même la nuit»*). Aussi, la rentabilité économique s'avère plus immédiate : la concurrence demeure bien moins sauvage que dans la presse écrite. En principe, un JRI «opérationnel» (c'est le mot d'ordre) trouve toujours une place dans les locales de France 3 ou sur le câble. En revanche, le «profit symbolique» reste mineur : difficile de poser à l'intellectuel en tournant des plans pour le 13 heures...

Lescure Pierre

En privé, voilà un boss sympa, couche-tard et lève-tard, fan de guitare électrique et de cinéma hollywoodien, qui collectionne les photos de pin-up et les kitscheries et que même ses employés surnommaient «la Glandouille». Un peu par hasard, le père des *Enfants du rock* se retrouve propulsé à la tête de Canal+. Et l'appétit d'ambition vient en grimpant. Brassant des millions de dollars, l'homme prend goût aux affaires de *tycoon*...

C'est lui, le saint patron du CFJ, qui supplie Jean-Marie Messier pour que sa firme rachète les 20 % de Bolloré dans Pathé avant que Pinault, allié de TF 1, ne le fasse[1]. C'est lui encore qui assure ses arrières politiques *«en se liant d'amitié avec le ministre chiraquien Michel Roussin»*, en distribuant des stock-options à l'ex-future

---

1. Jacques Buob et Pascal Mérigeau, *op. cit.*, p. 350. Les citations suivantes sont également extraites de cet ouvrage, pp. 214, 355, 383 et 394.

ministre de la Culture Catherine Tasca, en soutenant publiquement Jacques Toubon qui, *« l'année suivante, déposera une proposition de loi déclarant les fabricants de décodeurs pirates passibles de peines de prison »*. Armé de ces relations, ce PDG avisé fait pression sur le gouvernement contre un accord TF 1-Murdoch et obtient gain de cause... avant de chercher, joli culot, à s'allier avec le même Murdoch, *« le milliardaire le plus réactionnaire de la planète »* ! L'opération échoue. Qu'à cela ne tienne : il rencontre alors Edgar Bronfman Junior, le PDG d'Universal, et pousse Vivendi à un mégamariage entre les deux géants. La fusion réussit si bien qu'il enrage : non pour avoir *« sacrifié l'indépendance de sa chaîne »,* mais parce qu'il se voyait déjà « *number two* » de la multinationale et ne décroche que le poste de n° 4... avant d'être limogé.

L'ex-requin aux dents longues peut retourner sur Canal Jimmy présenter des séries B. Assis sur un confortable matelas de billets.

PQR – Presse quotidienne régionale

Ah, *« misère du journalisme de province »*[1] ! Partout dans nos régions s'étale *« une presse docile dans une France féodale »*, où les *« journalistes, fantassins démobilisés, doivent accepter le rôle de vendeurs de cartes postales en espérant être un jour invités à la table du seigneur »*.

---

1. Titre d'un article de Philippe Descamps, *in Le Monde diplomatique*, novembre 1996. Les citations suivantes en sont également extraites.

Un journaliste à *Sud-Ouest* témoigne de cette *«dictature institutionnelle»* : *«Les localiers disent qu'ils "n'ont pas le temps". Forcément, ils ont rendez-vous avec le préfet, à l'Assemblée régionale du club hippique, etc.»* Des quotidiens tellement nuls que même les Suisses se moquent de nous, de cette *«presse de province [...] souvent peu ouverte sur le monde et consacrant le gros de ses efforts à un travail de communication, plus que de journalisme [...]. Or la réalité française [...] exigerait que la presse de province entre de plain-pied dans le débat politique local, ce qu'elle refuse le plus souvent».*[1]

Le PDG de *L'Echo républicain* l'avoue sans honte : *«En ce qui concerne les journalistes, ils doivent éviter d'écrire des articles polémiques sur les gros annonceurs. Il faut prendre conscience que nous avons une clientèle privilégiée.»* C'est pour cette raison, sans doute, que *Le Dauphiné libéré*, à Grenoble, s'est tu sur le «système Carignon». Un silence qu'on retrouve à *Nice-Matin* pour l'affaire Yann Piat. De même au *Courrier picard*, le SNJ-CGT l'affirme : *«Oui, la politique rédactionnelle du* Courrier *n'a plus d'autre consistance que de ne pas faire de vagues, quand ce n'est pas de complaire aux puissants; oui, cette démission professionnelle a une large part de responsabilités dans la fuite de notre lectorat.»* (Tract interne, daté du 4 juillet 2002.)

Depuis vingt ans, l'Etat a décentralisé le pouvoir

1. *Le Journal de Genève*, repris par *Courrier international*, 18 janvier 1996.

– davantage confié aux villes, aux départements, aux régions. Tandis que le contre-pouvoir, lui, ne s'est toujours pas décentralisé... quand il ne se fond pas avec l'ordre municipal : à Lyon, le PDG du *Progrès* s'est présenté sur la liste UDF. Dans le même groupe de presse, à Saint-Etienne, Vienne et Dijon, d'autres dirigeants siègent également comme élus à l'hôtel de ville.

Sciences-Po

Ses plus brillants (ou obéissants) élèves terminent à l'ENA... et ses cancres (ou ses plus indépendants) au CFJ. Le rapprochement entre ces deux établissements est désormais officialisé, avec l'instauration d'un concours spécial. On pourrait dresser un parallèle entre leurs deux histoires : un glissement du pôle intellectuel vers la *business school*. Surtout, s'acquièrent ou se cultivent rue Saint-Guillaume, ainsi que dans les IEP de province, des dispositions qui ne nuiront guère rue du Louvre.

Dans ces deux lieux, d'abord, on respire un détachement de bon ton : les convictions, défendues avec sincérité et pugnacité, ne sont pas de mise parmi l'élite. Alors que les enseignants du Centre assènent des *«vous me ramenez n'importe quoi»*, *«on s'en fout du fond»*, *«il faut que vous soyez capable de fournir un article même sur rien»*, etc., Alain Lancelot, ancien directeur de Science-Po, remarquait : *«Nos étudiants apprennent à problématiser n'importe quel sujet, ils savent construire une argumentation et ils savent la mobiliser dans un temps court sans endormir leur auditoire.»* Et le sociologue Alain Garrigou de commenter : *«"N'importe quel sujet." [...] La clarté d'expression, l'art de convaincre, sinon de l'emporter, dans les débats et confrontations sont des qualités dont on voit aisément la fonction dans des écoles de formation des élites. Le lieu scolaire fera un jour place aux commissions, aux conseils de direction, aux conseils d'administration, aux débats publics et à toutes les intrigues de la vie professionnelle. En même temps, cette excellence est trop manifestement mêlée à des intérêts pratiques, trop définie par des impératifs de temps pour être ordonnée à une recherche de la vérité. N'importe quel étudiant acquiert très vite cette vision instrumentale de l'argumentation qui permet d'avoir raison sans dire vrai.»*[1] De Sciences-Po au CFJ, on perçoit bien le changement dans la continuité : dans notre formation au journalisme, importe moins la quête de vérité qu'une vision instrumentale d'une info servant à remplir et à vendre.

L'inertie intellectuelle, ensuite, à son comble au CFJ, prévaudrait dès Science-Po : *«Les ficelles du métier consistent à donner des conseils (oraux) d'économie dans le travail, comme ce haut fonctionnaire dans une conférence de préparation à l'ENA : "Découper les pages éco du* Monde, *c'est tout." En même temps, les examinateurs déplorent souvent l'absence de toute véritable lecture sauf celle de "seconde main", celle des*

1. Alain Garrigou, *op. cit.*, p. 93. Les citations suivantes sont également extraites de cet ouvrage, pp. 93, 111 et 107.

manuels d'enseignement supérieur et celle, quotidienne, du journal Le Monde. » Unique différence : au CFJ, même les lectures de seconde main ont disparu. Nul examen scolaire ne les motive encore.

Aussi, au CFJ comme à Sciences-Po ou encore à l'ENA, le conformisme étouffe : « *Une expression revient souvent pour désigner des candidats ou élèves atypiques : ce sont des "fous". [...] L'outrance du terme est significative tant il est manifeste qu'il ne désigne pas des cas psychiatriques mais une forme de déviance qui, sociale autant que psychique, est celle de la personnalité. En fait de "fous", il s'agit de ce qu'on appelle ailleurs des "originaux", "ions" ou "électrons libres", "incontrôlables", dont certaines autorités hiérarchiques ou collectives se défient.* » Alors que ces établissements vantent, bien sûr, les vertus de l'originalité... Se découvrent ici des jugements d'ordre psychologique déjà entrevus au Centre. C'est que « *ces écoles de formation des élites ne sauraient se laisser cantonner à la formation intellectuelle, voire technique, alors qu'elles ambitionnent un jugement total sur l'individu* ».

Enfin, on retrouve une posture critique des étudiants – qui n'est pas sans ambivalence : « *Les lettres de fin de scolarité de chaque promotion accusent l'ENA d'encourager ce conformisme. Si les responsables ne peuvent pas souligner ce "défaut" trop bruyamment, les élèves dressent le constat avec une facilité étonnante. Toutefois, cantonnée au registre intellectuel et à une esthétique de l'auto-ironie, leur lucidité ne nourrit pas une véritable hostilité. Ce conformisme conscient, distant et accepté comme une forme nécessaire de l'ordre des choses est une manifestation du légitimisme. La distance critique sied à des gens intelligents mais,* in fine, *quels que soient les arbitraires des critères de sélection ou de classement, ceux-ci sont acceptés.»*

SR - Secrétaire de rédaction

Une catégorie à part de journalistes : ne quittant jamais leur bureau, les SR sont chargés de corriger les papiers, de les placer dans la maquette, d'ajuster leur taille, de leur trouver un titre, de modifier le chapô, etc.

«Les SR sont nos amis», ironisait une affiche au CFJ. C'est que cette assertion ne va pas de soi. Dans les rédactions, les SR provoquent des heurts répétés. Mettant en scène le texte, ils en détachent souvent les phrases les plus racoleuses – pour une légende photo ou une exergue –, détournant le sens de l'article. Par goût, d'abord. Par j'm'en-foutisme, surtout : ce boulot n'a rien d'exaltant.

La section SR du Centre avait d'ailleurs fermé en 2000. A la sortie de l'école, quatre élèves se sont néanmoins tournés vers cette tâche – des plus ou moins résistants à l'ordre médiatique. Et moi aussi, j'ai failli. Car choisir cette voie, c'est se placer en retrait : *«D'accord, je bosse dans la presse, mais je ne signe rien. Je décline tout engagement. Je ne suis pas responsable du contenu.»* Délibérément, on se marque comme prolétaire des médias.

Remerciements

à François Brune,
pour son accompagnement depuis cinq ans

à Alain Accardo,
pour ses encouragements épistolaires

à Serge Halimi,
pour sa générosité sardone

à Kéri Berg,
pour avoir supporté mes sautes d'aigreur

à Laurent Beccaria,
qui ne m'a réclamé aucun « angle au niveau des lecteurs »

aux élèves et intervenants du Centre,
qui m'ont confié anecdotes ou documents

à tous les autres membres du CFJ,
pour leur contribution involontaire à cet ouvrage…

Table

INTRODUCTION : La voie royale — 11
Fiche d'identité — 20

I. LA PRATIQUE : PRODUIRE

Chapitre 1 : Remise en forme — 25
Un glissement — 37

Chapitre 2 : Vite et mal — 43
Un point de vue — 55

Chapitre 3 : Suivre l'actualité — 58
Un choix — 73

Chapitre 4 : La dictature du lectorat — 76
Un reportage — 87

II. LA THEORIE : ABRUTIR

Chapitre 5 : Mort cérébrale — 95
Un autodafé — 110

Chapitre 6 : L'éthique en toc — 116
Un virus — 129

Chapitre 7 : Le nerf des médias — 133
Une classe — 146

Chapitre 8 : Modèle unique — 152
Un coup marketing — 164

III. LE CADRE : OBEIR

Chapitre 9 : Eloge de la détention — 171

Un conseil — 185

Chapitre 10 : La peine cachée — 187

Un procès — 204

Chapitre 11 : Pédagogie de la soumission — 208

Une question — 219

Chapitre 12 : Exécution sommaire — 222

Un acquis — 235

CONCLUSION : Un rouage du consentement — 237

Glossaire — 271

La couverture et la grille de mise en page
ont été réalisées par Placid
et la maquette par Daniel Collet (In Folio).
Cet ouvrage a été révisé par Isabelle Souchard.

Impression réalisée sur CAMERON par
BUSSIÈRE CAMEDAN IMPRIMERIES
GROUPE CPI
à Saint-Amand-Montrond (Cher)
en mars 2003

Numéro d'impression : 031098/1
Dépôt légal : mars 2003
Imprimé en France
ISBN : 2-912485-49-5